Anonymous

Führer durch den zoologischen Garten in Frankfurt-am-Main

Anonymous

Führer durch den zoologischen Garten in Frankfurt-am-Main

ISBN/EAN: 9783743673984

Hergestellt in Europa, USA, Kanada, Australien, Japan

Cover: Foto ©Andreas Hilbeck / pixelio.de

Weitere Bücher finden Sie auf **www.hansebooks.com**

Führer

durch den

Zoologischen Garten

in

Frankfurt am Main.

Herausgegeben von

Dr. Max Schmidt,

Director des zoologischen Gartens.

Mit einem Plan und zahlreichen Illustrationen.

Frankfurt a. M.
Druck von Mahlau & Waldschmidt.
1870.

Der Zoologische Garten in Frankfurt a. M. wurde gegründet von der hiesigen Zoologischen Gesellschaft. Das Kapital zur Ausführung des Unternehmens brachte dieselbe durch Aktienzeichnung zusammen. Die Statuten wurden durch Beschluß Hohen Senats vom 8. Okt. 1857 genehmigt und am 8. Aug. 1858 der Garten eröffnet.

Aktionäre und ihre Familien können unentgeltlich die Anstalt besuchen.

Die Mitgliedschaft wird, nach vorhergehender Abstimmung im Kreise der Gesellschaft, durch Entrichtung eines Einstandsgelds und des Jahresbeitrags erworben.

Einmal in der Woche (Concerttag) wird der Besuch des Gartens ausschließlich den Aktionären und Mitgliedern und den von ihnen eingeführten Fremden vorbehalten.

Behufs wissenschaftlicher Verwerthung des reichen Materials hat die Gesellschaft im Jahre 1859 eine Zeitschrift gegründet, welche jeden Monat erscheint unter dem Titel „**Der Zoologische Garten**", Zeitschrift für

Beobachtung, Pflege und Zucht der Thiere. (Siehe die Rückseite des Umschlags!)

Die gegenwärtige Verwaltung besteht aus nachstehenden Herren:

 Graf C. von Bose, Ehrenpräsident.
 Ph. B. Andreä-Winkler, Präsident.
 Hermann Mumm, Vicepräsident.
 W. Brückner, Mitglied.
 Jul. Chun, Ersatzmitglied.
 Louis Jäger, Mitglied.
 E. Kohn-Speyer, Mitglied.
 Julius Michel, Mitglied.
 Heinrich Stiebel, Ersatzmitglied.
 Albert Varrentrapp, Mitglied.

Dr. med. vet. Max Schmidt, Director des Gartens.

Die bei einer größeren Sammlung lebender Thiere unvermeidlichen Veränderungen machen sehr häufig neue Bearbeitungen dieses Führers nöthig, aber trotzdem ist es nicht immer möglich ihn bis in alle Einzelheiten getreu herzustellen. Für den Fall, daß der Führer nicht ausreichte, geben jedoch die an jedem Behälter angebrachten Schilder Auskunft über Namen und Vaterland der einzelnen Thiere.

(Man beachte den am Ende dieses Führers angehefteten **Plan des Gartens**.)

Wenn der Besucher des Gartens sich nach seinem Eintritt rechts wendet, so findet er zunächst ein großes

Aquarium

im Freien, welches die verschiedensten, meist **einheimischen Süßwasserthiere, Fische, Amphibien, Insekten und Schnecken** beherbergt. Wir machen folgende namhaft: **Flußbarsch** (Perca fluviatilis), **Kaulbarsch** (Acerina cernua), **Stichling** (Gasterosteus aculeatus), **Karpfen** (Cyprinus carpio), **Spiegelkarpfen** (Varietät des vorhergehenden mit wenigen, großen, zerstreuten Schuppen), **Weißfisch** (Cyprinus alburnus), **Goldfisch** (Cyprinus auratus), aus China, **Bitterling** (Cyprinus amarus), **Moorgrundel** oder **Wetterfisch** (Cobitis fossilis), der außer mit Kiemen durch den Darmkanal athmet; sodann von Amphibien: den **Kammsalamander** (Triton cristatus), den **gefleckten Salamander** (Triton taeniatus), den **rothbäuchigen Salamander** (Triton igneus), den **gemeinen Landfrosch** (Rana temporaria), den **grünen Wasserfrosch** (Rana esculenta); weiter von Schnecken: die **lebendiggebärende Deckelschnecke** (Paludina vivipara), die **gemeine Teichhornschnecke** (Limnaeus stagnalis), ferner Planorbis corneus u. f. f.; endlich von **WasserInsekten**: Dytiscus marginalis, Nepa cinerea u. f. f.

Dann tritt der Besucher vor die

1. Eulenburg,

die in ihren Gelassen, außer einigen Tagraubvögeln auf der Süd=
seite, beinahe alle deutschen Eulengattungen enthält, von dem mäch=
tigen Uhu, der junge Rehe erwürgt und in seinen Fängen wegschleppt,
bis zu dem kleinen Käuzchen, das mit Noth eine Maus bemeistert.

An dem breiten Kopf der Eulen fallen sofort die großen, nach vorne gerichteten
Augen auf, deren weite Pupille offenbar darauf berechnet ist, bei Halbdunkel mög=
lichst viele Lichtstrahlen einzulassen. Sie sehen übrigens wohl auch bei Tage. Die
meisten jagen in der Dämmerung und in mondhellen Nächten; in ganz dunkler Nacht
sehen sie so wenig, als andere Thiere. Nur einige, namentlich nordische Arten (die
Tageulen) jagen am hellen Tage; diese bilden auch in der Befiederung den Uebergang
zu den Tagraubvögeln und zwar zu den Weihen. Das Gefieder der Eulen ist sehr
weich und dicht, ihr Flug fast geräuschlos. — Im Zorne knacken sie mit dem
Schnabel. — Die Eulen sind wegen der Vertilgung von Ratten, Mäusen u. dgl.
Thiere, welche ihre Hauptnahrung ausmachen, als entschieden nützliche Vögel zu be=
zeichnen und sollten deßhalb durchaus nicht verfolgt und getödtet werden, wenn sie
sich auch hie und da einen kleinen Uebergriff erlauben.

Die Schleiereule.

Der **Uhu** (Bubo maximus) (Grand-Duc; Great Eagle Owl); der größte Nachtraubvogel, der bis sechs Fuß spannt, ein majestätisches, muthiges Thier mit trutzigem Kopf, den eigenthümliche Ohrfederbüsche und eine feuerrothe Iris auszeichnen. Lebt paarweise in felsigen Waldgebirgen, ziemlich häufig in Deutschland und der Schweiz, in Frankreich und England, Ungarn und Rußland, ja soll selbst am Cap der guten Hoffnung vorkommen. Bei Tag in Felsspalten und Baumlöchern verborgen, beginnt er mit Anbruch der Dämmerung seine Jagd auf junge

Rehe, Füchse, Hasen, allerlei Vögel, verschmäht aber auch Mäuse und Ratten, ja selbst Frösche, Eidechsen und große Käfer nicht. Bei Nacht schreit er sein fürchterliches „Schuhu". Sein Horst steht in Felslöchern; er legt 2—3 weiße Eier. Krähen und Tagraubvögel hassen und verfolgen ihn sogar bei Tage, daher sein Gebrauch bei der Krähenhütte, zu welchem Zweck meist einige Exemplare verkäuflich vorhanden sind.

Der **Virginische Uhu** (Bubo Virginianus) (Grand-duc de Virginie; Virginian Eagle Owl). Etwas kleiner als der vorhergehende, und statt der Tropfen auf der Brust mit braunen querlaufenden Wellenlinien gezeichnet. Nord=Amerika.

Die **Ohreule** (Otus vulgaris) (Moyen duc; Long eared Owl), mit feuerfarbiger Iris, wie der Uhu, und noch längeren Ohrbüscheln, aber kaum halb so groß. Gemein in den Wäldern Deutschlands, Frankreichs, Englands, Norwegens, Rußlands; auch in Afrika. Die Ratte ist wohl das größte Säugethier, das sie mit ihren Fängen erdrosseln kann (denn auf diese Art tödten die Eulen). Ihr häufigstes Opfer sind Feldmäuse. Zum Horst nimmt sie ein altes Krähennest.

Der **Waldkauz** (Syrnium aluco) (Chat huant; Wood Owl). Die Grundfarbe bei verschiedenen Individuen sehr verschieden; in der Regel dunkelgraubraun bei Männchen, hellfuchsroth bei Weibchen und Jungen. Dieser Kauz, dem der große, fast die Hälfte der Höhe einnehmende Kopf ein wunderliches Aussehen verleiht, lebt überall in den Wäldern Europa's, jagt Ratten, Mäuse und kleine Vögel, legt in Baumlöcher 2—3 weiße Eier. Es ist die gemeinste Eule in Deutschland.

Der **Schleierkauz** (Strix flammea) (Effraie; Common Barn Owl). Bis 15 Zoll lang. Ein hübsch gefärbtes Thier, mit eigenthümlich herzförmigem Gesicht und weichem, seidenartig glänzendem Gefieder. In ganz Europa, auch in Nordafrika und in Asien, ja selbst in Amerika zu Hause; lebt und nistet auf Thürmen, in Scheunen und Dachböden, zieht überhaupt menschliche Wohnungen allen anderen Aufenthaltsorten vor. Seine Nahrung besteht in Mäusen. Man findet ihn öfters im Taubenschlag, aber ohne daß er den Tauben ein Leid zufügt.

Das **Käuzchen** (Athene passerina) (Chevêche; Little Owl). Nur 10 Zoll lang. Ein drolliges, feckes Vögelchen mit lebhaftem, gelbäugigem Gesicht, das sich leicht zähmen läßt; in Europa, Afrika und Asien zu Hause, in Deutschland, namentlich dem südlichen, gar nicht selten und, wie der Uhu auf Krähen und Raubvögel, so bei dem Fang kleinerer Vögel von Nutzen. Kam bei dem Landvolk zu dem Namen Todtenvogel und zu dem schlimmen Ruf des Todesboten durch seine Gewohnheit nach dem Licht zu fliegen. Sein Aufenthalt ist derselbe wie der des Schleierkauzes. Wenn man sich dem Vogel nähert oder ihn eine Zeitlang betrachtet, macht er in der Regel eigenthümliche Verneigungen, die höchst komisch aussehen.

NB. Es gibt noch zwei oft mit dem Käuzchen verwechselte Eulenarten in Deutschland, das **Rauchfußkäuzchen** (Surnia dasypus), noch nicht 9 Zoll lang, mit längerem Schwanz und dichter befiederten Zehen; und der **Zwergkauz** (Surnia pygmaea), nur 6 Zoll lang, überaus niedlich und lebhaft, nur im Norden.

Der **schwarze Milan** (Milvus ater) (Milan noir; Black Kite). Die Milane oder Weihen haben sehr kurze Ständer, schwache Zehen, Krallen und Schnabel, aber ihre Schwingen und der gegabelte Schwanz sind lang und machen sie zu vortrefflichen Fliegern; ihr Muth aber ist nicht groß, wie denn auch die Nahrung, dieser Art wenigstens, fast ausschließlich in todten Fischen besteht. In Deutschland, in der wärmeren Jahreszeit nicht eben selten, wandert er im Winter nach Süd-Europa. Er nistet auf hohen Bäumen.

Die **Königsweihe** oder **Rother Milan** (Milvus regalis) (Milan royal; Common Kite). Ein prächtiger, nirgends häufiger Vogel, bei dem ein schönes Rostroth in der Färbung vorherrscht. Wo er immer erscheint, da sieht man ihn bald, denn stundenlang zieht dieser Milan hoch in der Luft seine schönen Kreise. An seinem Gabelschwanz und seiner pfeifenden Stimme ist er leicht zu erkennen; aber schwer ist es, ihn schußgerecht zu bekommen. Kleine Säugethiere, Vögel, auch Amphibien machen seine Nahrung aus. Es ist ein Zugvogel, der schon Anfangs März in Deutschland ankommt und erst im Oktober nach Süden wandert. Sein Nest steht meist auf Eichen.

Der **Kolkrabe** (Corvus corax) (Corbeau; Raven). Einer dieser drolligen, durch ihre Nachahmung der menschlichen Stimme allbekannten Vögel hat hier mitten unter den Raubvögeln Platz genommen, denen er wenigstens in Beziehung auf Nahrung — bestehend in Aas, kleinen Vögeln, Eiern, Mäusen u. s. f. — nicht so ferne steht, obgleich er zu einer ganz anderen Ordnung, nämlich den Sperlingsartigen, gehört. Der Kolkrabe ist nicht zu verwechseln mit der viel kleineren gemeinen Krähe, der er freilich in seinem Bau sehr nahe kommt. Seine Lebensart aber ist eine ganz andere; denn er lebt paarweise und jedes Paar hat seinen eigenen Bezirk. In Europa und Nordasien.

Dohle (Corvus monedula) (Choucas; Jackdaw). Mit dem vorigen verwandt, aber kleiner. Die Lebensweise ist die der rabenartigen Vögel im Allgemeinen. Die Dohle nistet vorzugsweise auf Thürmen, Ruinen und anderen alten Gebäuden, welche man nicht selten von Schaaren dieser Vögel umkreist sieht. Sie ist über ganz Europa verbreitet. In Gefangenschaft wird sie sehr zahm und ist deßhalb, sowie wegen ihres drolligen Wesens, beliebt.

---

2. Die Raubvogel-Gallerie.

Um der Uebersichtlichkeit willen folgen wir nicht strenge der Reihenfolge der einzelnen Käfige, der Besucher wird sich jedoch mit Hilfe der angehefteten Schilder leicht zurechtfinden.

Man unterscheidet unter den **Tagraubvögeln** am besten zwei Gruppen: 1. **Geyerartige** (Vulturini) und 2. **Falkenartige** (Falconini). Jene zerfallen wieder in **Aasgeyer** (Vulturidae) und **Lämmergeyer** (Gypaëtidae). Die letzteren bilden durch Organisation und Nahrung den Uebergang zu den Falkenartigen. — Unter den Falkenartigen sodann unterscheiden wir folgende Familien: a. **Adler** (Aquilidae); b. **Bussarde** (Buteonidae); c. **Milane** oder **Weihen** (Milvidae); d. **Falken** (Falconidae). — Die Geyer leben vorzugsweise von Aas und werden durch das Wegschaffen desselben sehr nützlich; andere Raubvögel nähren sich von lebenden Thieren, die sie mit ihren scharfen Fängen erfassen, und es können dieselben nur dann als nützlich bezeichnet werden, wenn sie hauptsächlich Ungeziefer, z. B. Mäuse, wie dies bei den Bussarden der Fall, zu ihrer Nahrung wählen.

Der **weißköpfige Geyer** (Gyps fulvus) (Vautour griffon; Griffon Vulture). Auffallend durch seinen mit weißen Dunen bekleideten Gänsehals und eine Halskrause, die um so schöner, je älter der Vogel. Das Auge ist nicht eben groß; doch sieht er damit seine Leute — gefallene Thiere — in unglaublicher Entfernung; denn nicht der Sinn des Geruchs, sondern der des Gesichts ist es, der die Geyer so schnell um ein Aas versammelt; wenn man das Aas bedeckt, kommen sie nicht. Seine Krallen sind schwach, mehr hühnerähnlich, offenbar nicht zum Tödten bestimmt. — Er ist besonders im südöstlichen Europa, in Ungarn und Dalmatien zu Hause und als Aas-Abräumer nützlich. Auch in Nordafrika ist er nicht selten.

Es ist hübsch zu beobachten, wie dieser Vogel sich sonnt oder lustet. Ruhig sitzt er dann auf dem Fels oder auch wohl auf dem Boden seines großen Käfigs, entfaltet weithin und fast senkrecht seine Flügel, so daß diese mit dem Körper eine zusammenhängende Wand von bedeutender Ausdehnung bilden. — Wegen seiner Stimme, die an den Ton einer Gans erinnert und die unsere Exemplare namentlich während der Fütterung hören lassen, wird der Vogel wohl auch Gänsegeyer genannt.

Mönchsgeyer (Vultur monachus.) (Vautour Arrian, Cinereous Vulture). Von der Größe des vorigen, schwarzbraun, Gesicht nackt, blau und röthlich gefärbt. Hals und Scheitel sind mit flaumartigen Federn bedeckt. Iris braun, Füße röthlichgrau. Krallen und Schnabel schwarz. Dieser Vogel lebt im südlichen Europa und Afrika in Gebirgsgegenden. Unser Exemplar stammt aus Ungarn.

Der **Ohrgeyer** (Vultur [Otogyps] auricularis) (Vautour oricou; Sociable Vulture). Mit dickem, nacktem, hinten röthlich fleischfarbigem und stark quergefaltetem Kopfe. Afrika.

Der **Kondor** (Sarcorhamphus gryphus) (Condor des Andes; Condor Vulture). Der größte und stärkste aller Raubvögel, der Beherrscher der Anden Südamerika's. Horstet in einer Meereshöhe von 15,000 Fußen und steigt, wenn er nach Beute (Lamas, Straußen u. dgl.) sich umsehen will, so hoch empor, daß ihn Humboldt von dem 22,000 Fuß hohen Cotopari aus über sich eben noch als einen dem Auge sichtbaren Punkt entdeckte. Nie bewegt er in seinem hohen Fluge die Flügel, sondern er segelt ruhig auf seinen kolossalen Schwingen, mit dem Schwanze steuernd, mit dem Kopfe hin und wieder rasch ruckend, durch das endlose Luftmeer dahin. — Unser Exemplar ist ein **Weibchen**.

Der **Königsgeyer** oder **Geyerkönig** (Sarcorhamphus papa) (de Rois Vautours; King Vulture). Ein prächtig gefärbter Vogel, in Paraguay zu Hause. Seinen Namen trägt er mit Recht, denn die Urubus (die südamerikanischen Aasgeyer) überlassen ihm gutwillig das gefallene Thier, bis er sich gesättigt, dann erst wagen

Lämmergeyer.

sie sich heran. Dies ist keine Fabel, wie einzelne Naturforscher meinten, sondern wird von Augenzeugen bestätigt. — Den seltsamen Fleischkamm hat er mit dem Konbor gemein, mit dem zusammen er eben die Gattung der Kammgeyer (Sarcorhamphus) bildet. — Der junge Vogel ist zuerst einfach schwärzlich gefärbt, erhält dann die weiße Brust, später erst, nach den bei unseren Exemplaren gemachten Beobachtungen, etwa um sechsten Jahre den schönen röthlichweißen Mantel des Alten.

  NB. Im Winter im Straußenhause!

  Der **Urubu** (Cathartes jota) (Urubu; Black Vulture). Ganz schwarz, mit nacktem Kopf und Hals. Ist der südamerikanische Aasgeyer und dort als Straßenpolizei durch das Gesetz geschützt.

  Brauner Aasgeyer (Neophron pileatus). Aus **Westafrika**. Braun, der nackte Hals sowie das Gesicht hochroth.

  Der **Gaukleradler** (Helotarsus ecaudatus) (Bateleur; Bateleur Eagle). Ein Afrikaner, dem Geyerkönig an Mannigfaltigkeit der Farben vergleichbar; aber besonders ausgezeichnet vor allen anderen Adlern durch die Kürze seines Schwanzes. Die Bezeichnung „Gaukler" verdankt er seiner eigenthümlichen Flugweise; er pflegt sich nämlich in der Luft auf das Mannigfaltigste zu überstürzen und herumzuwirbeln. Schon der berühmte Erforscher der afrikanischen Ornithologie, Levaillant, nannte ihn Bateleur. Er ist in der Algoabai nicht selten. Junge, noch grau gefärbte Exemplare fiederten sich erst nach sieben Jahren vollständig aus.

  NB. Im Winter im Straußenhause!

  Der **Steinadler** (Aquila fulva) (Aigle Royal; Golden Eagle). Der Besucher findet mehrere dieser auch in ihrem Vaterlande nicht eben häufigen Vögel. Einer derselben stammt aus der **Schweiz**, ein anderer aus **Norwegen**, wo ihn Hr. Dr. G. Berna, der ihn uns geschenkt, selbst aus dem Neste geholt.

  Dieses berühmte Wappenthier, der muthigste aller Raubvögel, ist erst im 4. oder 5. Lebensjahre ganz ausgefärbt. Er ist dann überall glänzend schwarzbraun mit graugebändertem Schwanz. Der junge Vogel ist heller, und das obere Drittel des Schwanzes schmutzig gelblich weiß.

Der Stein- oder Goldadler, dessen Physiognomie besonders das vorspringende Augendach den wahren Adlercharakter verleiht wie man durch Vergleichung mit den Geyern leicht erkennt, haust in den hohen Waldgebirgen von Europa und Asien; er ist in der Schweiz und Tirol nicht selten, jagt auf kleine Säugethiere,

auch junge Gemsen und Ziegen) und Vögel. Die letzteren ergreift er selbst im Flug mit den Fängen, und ehe er sie bissenweise zerreißt und verzehrt, rupft er sie sorgfältig. In Asien richtet man ihn zur Antilopenjagd ab. Sein Horst steht auf hohen Bäumen und Felsen. Seine Vermehrung ist sehr langsam, obgleich er bis 4 Eier legt. Ueberall steht auf seinen Kopf ein schöner Preis.

Der **Keilschwanzadler** (Aquila audax) (Aigle à queue étagée; Wedge-tailed Eagle). Ein schöner Vogel, dem Steinadler ähnlich, mit womöglich noch schärfer markirtem Kopfe, langen, lockeren, rostbraunen Nackenfedern und langem Schwanz. Seine Heimath ist Neuholland.

Der **weißköpfige Seeadler** (Haliaëtus leucocephalus) (Pygargue leucocéphale; White-headed Sea Eagle). Der ausgefärbte Vogel ist braun mit weißem Kopf und Schwanz und gelbem Schnabel. Das Jugendkleid ist braun, der Schnabel schwärzlich. An. dem einen Exemplar finden sich noch Spuren dieser früheren Färbung. Die Heimath dieses Adlers ist Nordamerika. Er ist das Wappenthier der Vereinigten Staaten.

Gemeiner Seeadler (Haliaëtus albicilla) (Pygargue á téte blanche; Common Sea Eagle). Ein mächtiger Vogel, der jedoch noch bei weitem nicht ausgefiedert ist. Er lebt in der Nähe von Flüssen und nährt sich von Wasservögeln und Fischen; nach letzteren taucht er oft tief in das Wasser. Er kommt in Europa, Afrika und Asien vor. Unser Exemplar wurde in der Gegend von Biebrich flügellahm geschossen und ist ein Geschenk Sr. H. des Herzogs von Nassau.

Der **Bussard** (Buteo vulgaris) (Buse; Buzard). Der gemeinste Raubvogel Deutschlands. Wir finden eine Gruppe dieser Vögel und zwar von den verschiedensten Kleidern, denn selten sieht ein Bussard dem andern gleich. Ein ziemlich träges, wenig muthiges Raubthier, von schwerfälligem Flug und schwacher Bewaffnung, aber als Mäusevertilger außerordentlich nützlich, daher man eher eine Strafe als eine Belohnung auf seine Tödtung setzen sollte. Stundenlang sitzt der geduldige Vogel auf einem Hügelchen auf der Wiese und lugt lauernd umher, bis irgendwo die Erde sich zu bewegen anfängt. Dann im Nu springt er zu und zieht den armen, nichts ahnenden Wühler mit unbarmherzigem Griff an's Tageslicht. J. H. Blasius sagt über den Bussard als Mäusejäger (Naturgeschichte der Säugethiere Deutschlands S. 386): „Ich habe Mäusebussarde gefunden, die einige dreißig Feldmäuse im Magen hatten, dann aber so unbeholfen geworden waren, daß sie nur ungern ihren Feinden auswichen."

Der **Thurmfalke** (Tinnunculus [Falco] alaudarius) (Faucon cresserelle; Kestril Falcon). Hält sich gerne auf Thürmen, Ruinen und Felsen auf, daher sein Name. Er gehört zu den eigentlichen Falken, d. h. denjenigen, die ein zahnartiges Häkchen am Oberkiefer haben. Diese Edelfalken stellen nach unserer Anschauung das Ideal eines Raubvogels in seiner höchsten Vollendung dar, mehr noch als die Adler. Ihre Haltung in der Ruhe, ihr Steigen in die Höhe oder der pfeilschnelle Flug hinter einer Lerche, einer Taube her, tragen den Charakter des vollendeten kühnen Räubers.

Der Thurmfalke ist häufig in Deutschland. Kleine Vögel, Mäuse und dgl. machen seine Nahrung aus. In Mauerlöcher legt er seine 5 bis 7 Eier.

Das Volk verwechselt diesen Vogel oft mit dem ihm allerdings etwas ähnlich gefärbten jungen Kukuk, daher die Fabel von der Verwandlung dieses Falken in den grauen (alten) Kukuk.

Zu dieser Familie gehört auch der **isländische Jagdfalke** (Falco islandicus), der aber neuerlich in mehrere Arten getheilt worden ist. Der berühmte Zoolog Schlegel in Leyden hat ein Prachtwerk über ihn und die Falkenierkunst des Mittelalters (heutzutage nur noch in Persien ausgeübt) geliefert.

Der **Habicht** (Astur palumbarius) (Autour, Goshawk). Ein in Deutschland nicht seltener Raubvogel, der den Tauben, Feldhühnern und anderen Thieren eifrigst nachzustellen pflegt und in Jagdrevieren, Fasanerien ec. bedeutenden Schaden anrichtet, so daß er überall und mit Recht auf's entschiedenste verfolgt wird.

Die Reihe der genannten Raubvögel ist in der Mitte der Adlergallerie unterbrochen, indem dieser Raum zum

2a. Raubthierzwinger

umgewandelt worden ist.

Anlage und innere Einrichtung bieten den Bewohnern einen möglichst naturgemäßen Aufenthalt, und der bedeutende Umfang der äußeren Behälter gewährt ihnen einen Spielraum für natürliche und freie Bewegungen, wie man sie anderwärts nur selten zu beobachten Gelegenheit haben dürfte. Die durch Felsen maskirten Käfige stehen in einem hinten anstoßenden Gebäude, welches auch einigen anderen Raubthieren des Gartens zum Winteraufenthalte dient.

Löwe (Felis leo) (Lion). Ein dreijähriges weibliches und ein zweijähriges männliches Exemplar von ausgezeichneter Schönheit.

Beide Thiere sind sehr zutraulich und spielen gern mit Personen, welche sie kennen.

Löwen finden sich bekanntlich über ganz Afrika und auch in Asien von Arabien bis an den Himalaya; aber die Racen sind je nach ihrer besonderen Heimath sehr verschieden. Unsere Löwen stammen aus **Westafrika**.

Puma oder **Silberlöwe** (Felis concolor) (Puma). Noch junges in Europa gezüchtetes Paar, welches meist sehr lebhaft im Käfig umherspringt und klettert. Ihre Formen erinnern mehr an die der Hauskatze als des Löwen, mit welchem sie nur die gleichmäßige gelbbraune Färbung gemein haben. Ihre eigentliche Heimath ist **Südamerika**.

Ostindischer Leopard (Felis leopardus) (Leopard). Ein größeres männliches Prachtexemplar. Es ist ein Geschenk des Hrn. Leonard J. Jacobson dahier.

Bei ungünstiger Witterung und im Winter sind diese Thiere in einem hinten an die Zwinger angebauten **Winterhause**, zu welchem der Eingang am Ende der Raubvogelgallerie, gegenüber der Eulenburg sich befindet.

Schwarzrückiger Schakal (Canis mesomelas) (Chacal du Cap; Black backed Jackal). Scheue, flüchtige Thiere von schlanken, zierlichen Körperformen und schöner Färbung und Zeichnung. Wir erhielten sie von **Port Natal**. Sie haben sich mehrmals fortgepflanzt.

Gemeiner Schakal (Canis aureus). (Chacal; Jackal). Ein noch junges Thier von fast gleichmäßiger gelbgrauer Färbung. Der Schakal ist über einen großen Theil von Afrika verbreitet und kommt außerdem in manchen Gegenden Asiens und Europas vor. Unser Exemplar stammt aus Algier und ist ein Geschenk des Hrn. L. Gumpertz dahier.

Wir wenden uns nun um das vorspringende Gebüsch, lassen die Restauration links liegen und gehen rechts, so finden wir auf der linken Seite unseres Wegs

3. Die Känguruhwiese.

Thetis' Känguruh (Halmaturus Thetidis) (Pademeleon Wallaby). Wir finden hier eine ganze Familie dieser graubraunen Thiere, welche beim ruhigen Dasitzen an Kaninchen erinnern, die sie jedoch an Größe übertreffen. Sie pflanzen sich bei uns regelmäßig fort und geben dabei vielfach Gelegenheit zu Beobachtungen über das Verweilen des jungen Thieres in der Bauchtasche der Mutter.

Bennett's Känguruh (Halmaturus Bennetti) (Kangourouh; Bennett's Wallaby). Aus Vandiemensland, wo es bis in die Schneeberge hinauf sehr gemein ist. Hat sich hier schon mehrmals fortgepflanzt. Weiteres über die merkwürdigen an diesen Thieren hierbei gemachten Beobachtungen siehe in unserer Monatsschrift: „Der Zool. Garten" Jahrg. II. S. 36 — 44. (Mit Abbildung des Jungen, des Beutels der Mutter u. s. f.) Die Intelligenz dieser Thiere ist sehr gering.

Opossum.

Die Känguruh's, die Pflanzenfresser unter den Beutelthieren, finden sich nur auf Neuholland und einigen benachbarten Inseln. Es gibt viele Arten, die einen den Ebenen, andere den Gebirgen eigenthümlich. Eine Art, das Riesenkänguruh, erreicht Menschengröße. Im schnellen Lauf hüpfen sie nur auf den enorm entwickelten hinteren Extremitäten, gewöhnlich aber galoppiren sie auf allen Vieren. Die Vorderextremitäten sind sehr klein und werden ganz wie bei den Nagern geschickt als Arme und Hände benutzt.

Die Beutelthiere, zu welchen die Känguruh's gehören, haben ihren Namen bekanntlich von dem Beutel, den das Weibchen am Bauch trägt und worin die außerordentlich unvollkommen (selbst bei größeren Arten nur zolllang) geborenen Jungen von der Mutter unmittelbar nach der Geburt mit dem Maul an einer Zitze befestigt und noch Monate lang getragen werden, wohin sie auch später noch, wenn sie den Beutel längst verlassen, bei Gefahr flüchten. Alle sind in Australien zu Hause, mit Ausnahme der Opossums (Didelphys), die Amerika angehören.

Auf eigenen Abtheilungen dieser Wiese befinden sich:

Die **Mandarinenente** (Anas [Aix] galericulata) (Canard Mandarin; Mandarin Duck). Die schönste aller Enten, wohl der schmuckreichste Schwimmvogel. Das Männchen zeigt auf jedem Flügel eine eigenthümliche aufgerichtete Feder mit sehr langem Bart. Stammt aus China.

Brautente (Anas [Aix] sponsa) (Canard de la Caroline; Summer Duck). Fast so schön wie die vorhergehende, mit metallgrünem Scheitel und herabhängendem Federbusch. Sie nistet in der Freiheit auf Bäumen. Aus Nordamerika.

Beide Arten haben sich hier öfter fortgepflanzt.

Der **schwarze Schwan** (Cygnus atratus) (Cygne noir; Black Swan). Schwarzgrau mit rothem Schnabel. Neuholland. Dieser hat eine sehr angenehme melodische Stimme, die an Aeolsharfen erinnert. Pflanzen sich in Europa leicht fort.

4. Meerschwein-Behälter

in Form einer kleinen mittelalterlichen Burgruine.

Cobaya oder **Meerschweinchen** (Cavia Cobaya) (Cochon de l'Inde; Restless Cavy or Guinea Pig). Allgemein als niebliche

und gutartige Hausthiere bekannt. Diese Nagethiere stammen aus Brasilien, aber, wie bei den meisten Hausthieren, ist die wilde Stammart schon nicht mehr sicher auszufinden. Wahrscheinlich ist es das einfarbig rothgraue Aperea, das sich in den Wäldern Brasiliens und Paraguay's findet. Bei uns variiren sie in schwarz, gelb, weiß und braun. Unendlich fruchtbar; Tragezeit 9 Wochen. Sie bleiben, obgleich ursprünglich vom Tropenlande kommend, den Winter im Freien in diesem Thürmchen, doch sind sie unseres Wissens in Europa noch nirgends verwildert. Ein Versuch wäre interessant. — Der Name der Meerschweinchen leitet sich davon ab, daß sie über's Meer zu uns gekommen und daß sie grunzen wie Schweine. — Daß ihr Geruch die Ratten verscheuche, ist eine Fabel, weit eher möchte er wohl Menschen vertreiben.

5. Behälter der Beuteldachse.

Der **großohrige Beutelbachs** (Perameles lagotis) (Rabbit-eared Perameles). Ein Paar sehr merkwürdige Beutelthiere von Westaustralien. Sie haben die Größe eines Kaninchens und eben solche lange, aber mehr spitzig gestaltete Ohren. Die Schnauze geht in eine dünne Spitze aus, die Vorderfüße sind mit langen scharfen Grabkrallen bewaffnet, mit deren Hülfe sich das Thier in seiner Heimath Höhlen im Boden anlegt, in denen es seine Wohnung aufschlägt. Das Gebiß des Beutelbachses ist das der insektenfressenden Raubthiere überhaupt und dem entsprechend nährt sich auch das Thier im freien Zustande hauptsächlich von den Larven großer Käfer, die es aus dem Boden gräbt. Wir füttern die Beuteldachse mit Körnern, Brod, Ameiseneiern, hartgesottenem Ei, Fleisch und Milch, und sie scheinen sich dabei ganz wohl zu fühlen. Leider kommen die prächtig-gefärbten Thierchen immer nur bei Nacht zum Vorschein und bringen den Tag in ihrer Höhle schlafend zu, so daß sie nur selten gesehen werden können. Sie sind von ruhigem Naturell und scheinen durchaus keinen hohen Grad von Intelligenz zu besitzen.

5a. Wombat-Bau.

Der **Wombat** (Phascolomys wombat) (Wombat) gehört ebenfalls zu den Beutelthieren, erinnert indessen durch seine Gestalt und Färbung an ein Murmelthier, dem er aber an Größe bedeutend überlegen ist. Seine Bewegungen sind plump und langsam, sein Benehmen läßt keine besonders entwickelte Intelligenz erkennen und er scheint überhaupt ein äußerst harmloses Thier zu sein. Die Heimath des Wombat ist Australien, wo er in Erdhöhlen haust, in denen er den Tag über schläft und die er nur Nachts verläßt, um seiner aus Kräutern und Wurzeln bestehenden Nahrung nachzugehen. Im Ganzen ist auch unser Exemplar dieser Lebensweise treu geblieben, indem es am Tage sich nur hie und da für einige Minuten sehen läßt und die übrige Zeit zusammengerollt in einer Höhle liegend zubringt. Seine Nahrung besteht bei uns vorzugsweise aus Rüben und Brod. Unser Wombat ist ein Geschenk des Herrn Charles Oppenheim in London.

5b. Stachelschwein-Behälter.

Stachelschwein (Hystrix cristata) (Porc-épic; Crested Porcupine). Diese Thiere zeichnen sich durch die eigenthümliche Hautbedeckung aus, welche nicht aus Haaren, wie bei den meisten anderen Säugethieren, sondern aus hornartigen Stacheln besteht, die zum Theil sehr lang und stark sind. Es ist dies hauptsächlich auf dem Rücken und an dem Schwanze der Fall, während die übrigen Theile des Körpers mit kürzeren oder dünneren, theils mehr borstenähnlichen Stacheln bekleidet sind, welche auf dem Nacken einen hohen Kamm bilden. Gewöhnlich liegen die Stacheln rückwärts geneigt ziemlich dicht auf dem Körper an, wenn aber das Thier in Zorn geräth, stellt es dieselben mit lautem rasselndem Geräusche auf, wobei es meist einen grunzenden Ton hören läßt, dem es theilweise wohl auch die Bezeichnung Stachelschwein verdanken mag. Es ist indessen ein Nagethier und zwar eines der größten, welche überhaupt vorkommen. Es lebt in Südeuropa und Afrika in Erdhöhlen, die es mit seinen langen gekrümmten Krallen gräbt, und nährt sich von Wurzeln und anderen Pflanzentheilen.

6. Affenhaus.

Wir sind vor einem hübschen Hause angelangt mit großem vorspringendem Drahtpavillon in der Mitte, welcher im Sommer verschiedenen Affen, als Pavianen, Makaken u. dgl. zum Tummelplatz dient. Hinter diesem Drahthause liegt der Affensaal, dessen Eingang sich an der Rückseite des Gebäudes befindet. Die beiden Flügel des Hauses sind mit Papageien und anderen Vögeln bevölkert und zur Rechten des Beschauers liegt eine bepflanzte und mit einem kleinen Bache versehene Volière, welche im Sommer eine zahlreiche Sammlung von ausländischen Schmuckvögeln beherbergt, von denen schon manches Pärchen unter dem dichten Laube sich ein Nestchen gebaut hat.

Vogelhaus.

Hier befinden sich zunächst eine Anzahl kleinerer Papageien, während die größeren Arten im Sommer in den Alleen im Freien, im Winter und bei ungünstigem Wetter im Straußenhause untergebracht sind.*)

Man kennt über 200 Arten Papageien; fast alle in den Tropen zu Hause, 40 in Südamerika, eine in Nordamerika bis Carolina herauf. Viele, und selbst kleine Inseln der Südsee haben eigenthümliche Arten.

Goldstirniger Sittich (Conurus aureus) (Perruche à front jaune; Golden crowned Conure). Oberher dunkelgrün; Scheitel orangegelb, die Augenkreise nackt. Ein hübscher, bunter Vogel. Brasilien. Die Sittiche (Conurus) (Perruches-Ara's) haben einen langen, abgestuften Keilschwanz. Von den Ara's unterscheiden sie sich dadurch, daß ihre Wangen befiedert sind. Meist Amerikaner.

Gold=Sittich (Conurus luteus) (Perruche jaune de Cayenne). Prächtig goldgelb mit grünen Flügeln. Guyana. Sehr selten.

---

*) Die Käfige sind numerirt und eine im Hause aufgehängte Tabelle gibt jedesmal unter der Zahl des Käfigs die vollständige Bezeichnung, wenn sich nicht an diesem selbst eine Etikette befinden sollte.

Jako.

Gelbwangiger Sittich (Conurus pertinax) (Perruche Illinoise, Yellow-faced Parrakeet). Grün, Gesicht und Kehle gelb mit graulichen Streifen. Hat bei uns Eier gelegt. Brasilien.

Sonnenwende=Sittich (Conurus [Sittace] solstitialis) (Perruche Guarouba; Yellow Conure). Grün mit gelbem Kopf und rother Brust. Ein ausgezeichneter Schreier. Brasilien.

Karolinischer Sittich (Conurus Carolinensis) (Perruche de la Caroline; Carolinian Conure). Nordamerika. Dem vorigen sehr ähnlich, aber nur der Kopf gelb. Entfernt sich unter allen Papageien am weitesten vom Aequator. Dieser Vogel schläft gewöhnlich mit den Krallen an der Käfigwand hängend.

Alexanders Papagei (Palaeornis Alexandri) (Grande Perruche à collier; Alexandrine Parrakeet). Der zuerst (schon durch den Zug Alexanders) nach Europa gebrachte Papagei. Grün mit schwarzer Kehle und breitem, rosenrothem Halsbande. Ostindien.

Halsband=Pfeilschwanz (Palaeornis torquatus) (Perruche à collier; Ring necked Parrakeet). Grün mit schwarzer Kehle und schmalem rothem Halsband. Afrika und Ostindien.

Bart=Pfeilschwanz (Palaeornis pondicerianus) (Perruche de Pondichery; Rose-ringed Parrakeet). Dem vorigen ähnlich, aber mit rosafarbig angelaufener Brust und breitem schwarzem Streif von dem Schnabel gegen die Kehle. Pondicery.

Rothschwänziger Papagei (Psittacus erithacus) (Perroquet cendré; Ashcoloured Parrot). Aschgrau mit rothem Schwanz; aus Afrika. Lernt unter allen Papageien (den Amazonenpapagei aus=

genommen?) am leichtesten und deutlichsten sprechen, weshalb wir in der Regel einige Exemplare zum Verkaufe vorräthig halten.

Senegal-Papagei (Poiocephalus Senegallus) (Perroquet à tête grise; Senegal Parrot). Dem gemeinen Jako (Psitt. erithacus) nahe verwandt, aber von allen seinen Gattungsbrüdern durch seine bunte Tracht, grauen Kopf ꝛc. ausgezeichnet. Senegal.

Gelbköpfiger Papagei (Poiocephalus flaviceps). Schön malachitgrün mit goldgelbem Oberkopfe. Ostafrika.

Gemeiner Sperlingspapagei (Psittacula passerina) (Perroquet nain du Brésil). Von Sperlingsgröße. Grün, an den Schultern, mitten auf den Flügeln und am Bürzel blau. — Brasilien.

Grauköpfiger Sperlingspapagei (Psittacula cana) (Petite perruche de Madagascar; Grey-headed Parrakeet). Grün mit graulichweißem, lilaschimmerndem Kopf. Madagaskar und Jsle de France.

Rothhalsiger Sperlingspapagei (Psittacula roseicollis) (Inséparable). Kap der guten Hoffnung. Sehr häufig in Käfigen gehalten.

Helmkakadu (Corydon galeatus) (Ganga Cockatoo). Schwarzgrau, mit rothem Helm, den Kakadu's am nächsten verwandt. Neuholland. Diese Vögel scheinen dem Aussterben nahe, kommen nur äußerst selten nach Europa und stehen daher sehr hoch im Preise.

NB. Viele dieser Papageien sind den Sommer über in der langen Volière (Nr. 7).

In einem an der östlichen Seite angebauten Käfige im Innern des Hauses, welcher nach Außen mit der Volière im Freien in Verbindung steht, findet sich nun weiter eine reiche Sammlung ausländischer Schmuck- und Singvögel, aus den Familien der **Finken und Ammern**.

Sie sind fast ohne Ausnahme mittelmäßige Sänger, aber ausdauernd im Käfig, und ihrer bunten Kleider wegen zu Tausenden jedes Jahr von Ostindien, Afrika, Amerika her in unsere Salons eingeführt.

Gemeiner Weberbogel (Quelea sanguinirostris) (Tisserand-travailleur). Häufig am Senegal. Das Männchen erhält erst im Frühjahr den goldbraunen Kopf. Stimme ganz die unserer Sperlinge.

<small>Die Webervögel (Ploceus), deren es in der Alten und Neuen Welt gibt, gehören wie die Estrelda zu der Familie der Kernbeißer (Coccothraustes). Ihren Namen führen sie von dem kunstreichen Nest, das sie aus Grashalmen flechten. Ein solches Nest bauten sie bereits zu wiederholten Malen in einem Bäumchen der kleinen Volière im Freien, brüteten auch, aber die Jungen kamen um, noch ehe sie ausflogen. (Siehe die Zeitschrift der „Zool. Garten" Jahrg. III. S. 257 u. Jahrg. V. S. 17.)</small>

Maskenweberbogel (Ploceus larvatus). Gelb mit schwarzer Maske. Die Iris roth. Von Dr. Rüppell in Abyssinien entdeckt.

Schwarzköpfiger Weberbogel (Ploceus melanocephalus) (Rufous-necked Weawer Bird). Dem vorigen ähnlich, aber kleiner. Afrika.

Rothköpfiger Weberbogel (Euplectes erythrops) (Crimson crowned Weawer Bird). Auf Isle de France.

Schwarzbäuchiger Weberbogel (Euplectes melanogaster) (Vorambé). Senegal.

Feuerfarbiger Weberbogel (Euplectes ignicolor) (Ignicolor). Das Männchen prächtig goldgelb und schwarz; im Winter aber dem Sperling ähnlich. Von Nubien bis zum Senegal.

Alle diese Webervögel verlieren alljährlich ihr Prachtkleid zu Eintritt des Winters, und ihr Gefieder nimmt dann eine mattere Färbung an, bei welcher bräunlich und graulich vorherrscht.

Paradieswittwe (Vidua paradisea) (Veuve à collier d'or; Wydah Bird). Schwarz, Brust und Hals goldbraun. Von Angola bis Abyssinien.

<small>Wittwen (Vidua) nennt man (vermöge einer mißlichen Namenverketzerung (von Wydah, Name eines Königreichs in Afrika) afrikanische Finken, mit den Schnäbeln der Hänflinge, bei denen sich die Männchen im Prachtkleide durch außerordentlich lange Schwanz- und Schwanzdeckfedern auszeichnen. Die Weibchen haben diesen Schmuck nicht, und auch die Männchen verlieren ihn im Herbst, wobei sie außerdem ihre Farbe verändern und den Weibchen sehr ähnlich werden.</small>

Dominikanerwittwe (Vidua serena) (Veuve dominicaine; Dominican Wydah Bird). Schnabel roth. Scheitel, Rücken, Schwingen und Schwanz schwarz. Ganz Westafrika.

Glanzfink (Amadina nitens) (Comba-sou; Glossy Finch). Schwarzgrün mit Metallglanz. Seine Stimme ist ganz die unserer Sperlinge. Dongola.

Sängerfink (Amadina musica) (Sénégali chanteur; Singing Pholidocoma). Sehr einfach braungrau mit dunkleren Strichen auf der Brust. Seinen Namen hat er von seinem verhältnißmäßig recht leidlichen Gesang. Hat sich hier fortgepflanzt.

Reißfink (Munia oryzivora) (Padda). Plump, wie der Kardinal unserem gemeinen Kirschkernbeißer (Coccothraustes vulgaris) nahe verwandt. Hübsch bemalt; singt fast gar nicht, aber hält gut im Käfig aus. Aus Ostindien, wo er als Reißdieb verrufen ist, schon seit Anfang des vorigen Jahrhunderts alljährlich in Menge nach Europa gebracht. Hat sich bei uns wiederholt fortgepflanzt.

Brauner Muskatvogel (Munia malacca) (Jacobin à ventre noir et blanc; Malacca Jacobin). Schwarz, kastanienbraun und weiß in scharf abgegrenzter Zeichnung. Ostindien.

Chinesische Nonne (Munia sinensis) (Moineau de la Chine; Chinese Jacobin). Dem vorigen ähnlich, mit schwarzem Kopf. Asien.

Nonne (Amadina maja) (Nonnette; White-headed Grosbeak). Ostindien und China. Zimmetbraun mit schmutzig weißem Kopf.

Punktirter Kernbeißer (Amadina punctularia) (Grosbec tacheté; squamulated Finch). Auf Java und den Molukken.

Haubenfink (Elstervogel) (Amadina cucullata) (Sénégali à capuchon; Black-throated Finch). Westafrika. Hat sich in Gefangenschaft mehrfach fortgepflanzt. (Siehe die Zeitschrift der „Zool. Garten" Jahrg. IV. S. 80.)

Bandvogel oder **Bluthals** (Amadina fasciata) (Grosbec-coucoupé; Fasciated Grosbeak). Vom Senegal bis Nubien.

Der gemeinste unter den ausländischen Finken. Hat bei uns wiederholt Eier gelegt.

Silberschnabel (Amadina cantans) (Bec-d'argent; Brown Grosbeak). Bräunlich isabellgelb, mit bläulichem Schnabel, schwarzen Füßen und Schwingen. Hat hier gebrütet. Senegal.

Malabar-Fink (Amadina malabarica) (Bec-d'argent de l'Inde; Malabar Grosbeak). Dem vorigen ähnlich. Malabar.

Gestreifter Bengalist (Estrelda astrild) (Astrild; Wax-bill). Südafrika, Asien.

Kleiner Bengalist (Estrelda cinerea) (Astrild à bec-de-corail; Ashcoloured Wax-bill). Afrika.

Getigerter Bengalist (Amadina amandava) (Le bengali piqueté). Der ganze Leib, auch Schnabel und Füße roth, Schwingen und Schwanzfedern schwärzlich, mit weißen Endpunkten. Das Winterkleid viel einfacher. Soll in Ostindien, in ganz Afrika, ja selbst auf den Canarischen Inseln sich finden.

Zwergfink (Estrelda minima) (Sénégali rouge; Red Senegali). Afrika.

Rothschwänziger Bengalist (Estrelda coerulescens) (Sénégali gris-bleu; Cinereous Bengueli). Afrika.

Gelbwangiger Fink (Estrelda melpoda) (Sénégali à joues oranges; Orange cheeked Melpoda).

Zebrafink (Amadina sanguinolenta) (Astrild zebré). Ein kleines, schönes Vögelchen; das Männchen obenher braun, Schnabel und ein Fleck hinter dem Auge zinnoberroth, ebenso die Mitte der Brust und des Bauches; sonst ist die Unterseite hochgelb. Hat bei uns genistet.

Hartlaubszeisig (Crithagra Hartlaubii) (Serin du Sénégal; Yellow-rumped Seed-Finch). Afrika. Erinnert sehr an unsere Zeisige. Haben bei uns genistet, aber nur ein Junges aufgebracht.

Papst (Spiza ciris) (Non pareil; Mariposa). Hat wohl wegen der prächtigen Tinten des bunten Kleides des Männchens jenen Namen erhalten. Singt erträglich. Louisiana (Nord-Amerika).

Indigovogel (Spiza cyanea) (Tangara; ministre Indigo-Bird). Prächtig indigoblau, aber nur im Sommer; im Winterkleide graubraun mit bläulichem Anflug. Nordamerika.

Blauvogel (Sialia Wilsoni) (Rossignol bleu). Der bekannte Blue-bird der Nordamerikaner, dort nach dem Robin (Turdus migratorius) der gemeinste und menschenfreundlichste Gartenvogel. Er stimmt in Nahrung und Natur überhaupt ganz mit unserem Rothkehlchen (Sylvia rubecula), kommt ihm aber im Gesang nicht gleich.

In einigen Käfigen außen an der Südseite des Hauses sehen wir zunächst

Grünschnäbeliger Pfefferfresser (Ramphastos discolorus) (Toucan à bec vert; Red-breasted Toucan). Sonderbare Vögel, von Taubengröße mit unverhältnißmäßig großem Schnabel und lebhaft gefärbtem Gefieder. Sie gehören, vermöge ihrer Zehenbildung, zu den Klettervögeln, indem bei ihnen, wie bei den Papageien, zwei Zehen nach vor- und zwei nach rückwärts gerichtet sind. Sie benützen indeß die Füße nicht zum Klettern, sondern nur zum Laufen und Springen auf den Aesten, worin sie unermüdlich sind. Der Schnabel belästigt sie durch seine Größe keineswegs, denn er besteht aus einer sehr porösen Knochenmasse, wodurch sein Gewicht weit geringer ist, als es seinem Umfange nach scheinen sollte. In ihrer Heimath, dem südlichen Brasilien, leben diese Vögel in kleinen Trupps auf Bäumen und nähren sich von mehligen und fleischigen Früchten, sowie von kleinen Vögeln und Eiern. Wir füttern sie mit Obst, Feigen, gekochten Kartoffeln, Reis, Eiern und Fleisch. Sehr merkwürdig ist ihre Zunge, die lang, dünn und an den Seiten mit borstenartigen Fortsätzen versehen ist, welche ihr das Ansehen einer Feder geben. Die Stimme des Pfefferfressers ist ein lauter, rauher Schrei, der zeitweise vielmal hintereinander ausgestoßen wird.

Im freien Zustande nisten sie in Baumhöhlen und liefern jährlich eine Brut von zwei Jungen, welche sich auf den Rücken legen sollen, wenn sie von der Mutter gefüttert werden. Unsere Exemplare sind zwei junge Männchen und vertragen sich leider nicht zusammen, so daß wir sie getrennt halten müssen. Sie sind ein Geschenk des Herrn Philipp Wolff aus Leeds.

Schwarzschnäbeliger Pfefferfresser (Ramphastos Ariel) (Toucan Ariel; Ariel Toucan). Dem Vorigen an Gestalt und Färbung sehr ähnlich, aber mit glänzend schwarzem Schnabel.

In dem westlichen Flügel des Affenhauses finden sich vorzugsweise Dubletten von Vögeln, welche zu billigem Preise (fl. 4—10) das Paar käuflich abgegeben werden.

Affensaal und Drahthaus.

Die Ordnung der Affen oder Vierhänder — denn alle Affen besitzen auch an den hinteren Extremitäten wirkliche Hände mit Daumen, die den anderen vier Fingern gegenübergestellt werden können — scheiden sich nach dem Vaterland (Alte und Neue Welt) in zwei auch anatomisch charakterisirte Unterordnungen. Die Affen von Asien und Afrika nämlich haben wie der Mensch 32 Zähne, die von Amerika aber 36, nämlich 4 Backenzähne mehr. Auch die Richtung der Nasenlöcher ist charakteristisch, bei den altweltlichen unten convergirend, bei den Amerikanern parallel und daher die Scheidewand unten viel breiter als bei jenen.

Der innere Bau der Affen ist so menschenähnlich, daß in den Zeiten des Mittelalters, als religiöses Vorurtheil es verbot, Menschen zu seciren, ihre Anatomie geradezu statt der menschlichen gelehrt wurde.

Man unterscheidet unter den Affen der Alten Welt folgende Gruppen: 1. **Menschenähnliche** (Anthropomorphi); dahin vier Arten **Orang** (Pithecus), auf Borneo und Sumatra, sodann die afrikanischen **Troglodytes**, nämlich der **Chimpanse** (Troglodytes niger) von Guinea und der **Gorilla** (Troglodytes gorilla), erst seit einem Jahrzehnt im östlichen Afrika bei Cap Palmas entdeckt, von mehr als menschlicher Größe, nach R. Owen der menschenähnlichste aller Affen. Die Thiere dieser Familie sind die größten, aber auch die empfindlichsten in Beziehung auf das Klima, sie erscheinen selten in den europäischen Gärten und Menagerieen und sterben immer bald. Ein eigenthümlicher, fast melancholischer Ernst charakterisirt ihr Wesen; auch leben sie paarweise, nicht in Truppen wie die anderen. Unser Garten besitzt keinen Vertreter derselben. 2. **Gibbons** (Hylobates). Schwanzlos wie die vorgenannte Familie, alle von Ostindien wie die Orangs, aber kleiner; sie gehen erträglich auf zwei Füßen. 3. **Paviane**, sehr bezeichnend auch Hundskopfsaffen (Cynocephalus) genannt, meist in Afrika zu Hause. Starke Thiere, die unser Klima recht wohl ertragen. 4. **Meerkatzen** (Cercopithecus), mit langem Schwanz; vortreffliche Kletterer, meist Afrikaner. 5. **Schlankaffen** (Semnopithecus), den vorigen sehr ähnlich, aber mit feineren Körperformen und ohne Backentaschen. Asiaten. 6. **Makaken** (Inuus) sind Schlankaffen mit Backentaschen. Meist Asiaten.

Junger Orang-Utang.

Der **silbergraue Pavian** (Cynocephalus Hamadryas) (Tartarin; Arabian Baboon). Der schönste und werthvollste unserer Affen; ein vollkommen ausgefärbtes Männchen, mit prächtiger grauer Mähne, die als enormer Backenbart beginnt; aber ein bösartiges Thier, das seinen Wärter einmal übel verwundete. Er stammt aus Arabien. Die Weibchen und Jungen sind graubraun, dem folgenden ähnlich. Bei den alten Aegyptern wurde er göttlich verehrt und es ist dies auch der in der Bibel Koph genannte Affe.

Eine ausführliche Schilderung dieses Affen, seine Geschichte und Lebensweise, haben wir in unserer Zeitschrift „Der Zoologische Garten" I. S. 145—150 gegeben. Ueber die anderen Affen siehe dieselbe Zeitschrift I. S. 21—28.

Der **Anubis-Pavian** (Cynocephalus Anubis) (Anubis; Anubis Baboon). Ausgewachsenes Männchen, das erst bei uns zu dieser stattlichen Figur herangewachsen ist; der Veteran der Gesellschaft. Ein robustes, stets gesundes Thier von grünlichem Pelz und schwärzlich olivenbraunem Gesicht, abgesagter Feind der Kinder, die er hüpfend zornig anbellt wie Hunde. Es sind dies jene durch ihre systematischen Plünderungen der Negerplantagen berüchtigten Thiere, die man in Afrika allgemein auch des Raubs von Negerinnen beschuldigt.

Gemeiner Pavian (Cynocephalus sphinx) (Papion, Baboon). Unter diesem alten Namen scheinen uns verschiedene Arten vermengt zu sein. Was wir hier darunter verstehen, sind schwarzgesichtige Paviane

mit gelblich rostfarbigem Pelz und einem Schwanz so lang als der Körper, den sie am Grunde horizontal tragen. Sie kommen sehr häufig jung in Handel vor und sind äußerst komisch und intelligent, leider sterben sie zur Zeit des Zahnwechsels sehr leicht. Als Vaterland können wir nur Afrika im Allgemeinen angeben.

Drill (Cynocephalus leucophaeus) (Drill). Ein prächtiges ausgewachsenes Männchen mit höchst auffallender Färbung der nackten oder weniger dicht behaarten Hautstellen. Er ist trotz seiner Größe nicht gerade bösartig. Guinea.

Wanderu (Macacus silenus) (Ouanderou; Wanderoo). Schwarz, mit weißlichem oder grauem Bart und am Ende buschigen

Schwanz. Dieser ist offenbar mit dem schwarzen Pavian von Celebes nahe verwandt und es wäre vielleicht natürlicher, jenen trotz dem mangelnden Schwanz auch zu den Makaken zu ziehen. — Gutmüthiges, fast furchtsames Thier. Ceylon.

Makak (Inuus cynomolgus) (Macaque commun; Macaque Monkey). Die verbreitetsten Affen in Ostindien und die gemeinsten in den Menagerieen. Die Gattung Inuus steht den Schlankaffen ganz nahe, mit denen sie auch das Vaterland gemein haben; aber sie sind mit Backentaschen versehen, wie die Meerkatzen. Diese Art hat sich hier fortgepflanzt. Die meisten kommen von Java.

Hutaffe (Inuus radiatus) (Bonnet-chinois; Bonnet Monkey). Den Makaken zum Verwechseln ähnlich, aber zarter gebaut, mit hellem fleischfarbigem, greisenhaftem, runzeligem Gesicht und eigenthümlich strahlenförmig von einem Mittelpunkt auf dem Kopf ausgehenden Scheitelhaaren. Gemein auf der Küste Malabar.

Schlappiger Makak (Inuus erythraeus) (Macaque Rhésus; Rhesus Monkey). Schlanker als die Vorigen, vorn graubraun, hinten rostgelb, Gesicht nackt und fleischfarbig, Schwanz kurz und dünn. Ostindien.

Affen der Neuen Welt. Alle haben einen langen Schwanz, nie finden sich bei ihnen Gesäßschwielen, nie Backentaschen. Auch sind diese amerikanischen Affen ruhiger, gutmüthiger.

Sai, Winsel- oder Kapuzineraffe (Cebus capucinus) (Saï; Capuchin Monkey). Die Lieblinge der Damenwelt, die sie mit Leckerbissen immer bald soweit bringen, daß sie in der Regel nicht lange leben. Ruhige, äußerst gutmüthige Thierchen, die gerne zusammengekauert den langen Wickelschwanz um den Körper schlingen, was wir bei keinem Affen der Alten Welt sehen. Eines der Weibchen hat einmal hier geboren, eine für diesen Affen seltene Erscheinung.

Diese Art variirt so sehr in der Farbe, auch in der Scheitelung der Kopfhaare u. s. f., daß man nicht weniger als 18 Varietäten unterscheiden kann. Es rührt dies wohl hauptsächlich von ihrer

weiten geographischen Verbreitung her, denn sie ist gemein von
Paraguay bis zum Orinoko. Ob diese Verschiedenheiten nur
Varietäten sind, oder wirklich als getrennte Species betrachtet werden
müssen, darüber erlauben wir uns hier kein Urtheil, sondern be-
gnügen uns die Arten anzudeuten, zu welchen unsere Exemplare
gehören:

Gelbfüßiger Kapuzineraffe (Cebus chrysopus). Schlank und
zierlich, Vorarme und Schienbeine rostgelb.

Starker Kapuzineraffe (Cebus robustus). Kräftig mit großem
Kopf und starken Zähnen, Behaarung dunkelbräunlich mit durch-
blickendem hellerem Unterhaar.

Lüsterner Kapuzineraffe (Cebus libidinosus). Kräftig mit
langer Behaarung.

Wirklicher Kapuzineraffe (Cebus capucinus). Schlank, aber
kräftig mit fleischfarbigem Gesicht und hoher faltiger Stirn.

Die Krankheit, an der die Affen in unseren gemäßigten Erdgürteln fast aus-
nahmslos zu Grunde gehen, ist die Lungentuberkulose. Die Krisis erfolgt in der
Regel im Frühjahr; der Verlauf der Krankheit ist aber sehr verschieden schnell; oft
eben sie noch Jahre dabei, anderemale sterben sie innerhalb einiger Wochen, nachdem
sie die ersten Symptome zeigten. Es ist uns indeß in neuerer Zeit gelungen, die
Sterblichkeit unter unseren Affen sehr zu vermindern, und zwar hauptsächlich durch
einen Zusatz von Leberthran zum Futter und durch gründlichere Ventilation des
Affenhauses. (Näheres hierüber sehe man „Der Zool. Garten" Jahrg. V. S. 74 u. ff.)

An der gegen Norden gewendeten Rückseite des Affenhauses befinden sich in zwei eigens für sie hergerichteten Zimmerchen:

Wellenpapagei (Melopsittacus undulatus) (Perruche ondu-
lée; Undulated Grass-Parrakeet). Zierliche, kleine, langschwänzige
Papageien, mit dunkeln Wellenlinien. Kopf gelbgrün, mit blauen
Tropfen. Südsee-Inseln. Kommen seit einigen Jahren in
großer Anzahl auf den europäischen Vogelmarkt und sind auch bei
uns fast jederzeit zu mäßigem Preise zum Verkaufe vorräthig.
Haben sich in größerer Anzahl hier fortgepflanzt. (Siehe „Der
Zoologische Garten" V. S. 46.)

Neuholländische Nymphe (Nymphicus Novae Hollandiae) (Calopsitte de la Nouvelle Hollande; Crested Ground-Parrakeet). Grau mit gelber Haube. Hat im Frühjahr 1863 zum ersten Male, seitdem aber öfter bei uns sich fortgepflanzt. Dabei hat sich gezeigt, daß bei diesen, und vielleicht bei allen Papageien nur der Vater das Junge füttert. Anfänglich nisteten diese Vögel im Winter, haben sich aber nun soweit an unser Klima gewöhnt, daß sie seit einem Jahre ihre Brutzeit in den Sommer verlegt haben. Neuholland.

7. Langes Vogelhaus.

Pennant's Plattschweif-Sittich (Platycercus Pennanti) (Perruche de Pennant; Pennant's Parrakeet). Neuholland. Prächtig roth und blau gefärbt. Geschenk des Herrn C. Andreae in London.

Adelaide-Plattschweif-Sittich (Platycercus Adelaide) (Adelaide Parakeet). Ebenfalls von Neuholland. Dem vorigen sehr ähnlich, aber von blässerer Färbung. Beide Arten erhielten wir seiner Zeit in jungen Exemplaren in fast ganz grünem Kleide, welches allmälig, etwa im Verlaufe eines Jahres seine gegenwärtigen Farben annahm.

Vielfarbiger Plattschweifsittich (Platycercus eximius) Rosella. Grün, roth, weiß. Neuholland.

Rothbindiger Plattschweif-Sittich (Polytelis melanura). Trübgrünlich-gelb mit einer schwarzen und einer rothen Binde über jeden Flügel. Australien.

Blaustirniger Schönsittich (Euphema pulchella) (Turquoisine-Parrakeet). Grün mit blauer Stirn und blauen Flügeln.

Vielfarbiger Schönsittich (Psephotus multicolor) (Many coloured Parrakeet). Grün mit blau, roth und gelb am Kopf und Bauch. Australien.

Rothrückiger Schönsittich (Psephotus haematonotus); (Blood-rumped Parrakeet). Hellgrün, der hintere Theil des Rückens roth. Australien.

Alle diese Papageien bringen Sommer und Winter in der
Volière im Freien zu, da sich gezeigt hat, daß sie sich auf diese
Weise länger und besser halten, als im geheizten Hause. Näheres
hierüber sehe man „Zoologischer Garten" VI. Jahrg. S. 332 ff.

Bronzeflügelige Taube (Columba [Phaps] chalcoptera)
(Lumachelle aux ailes bronzées; Bronze-winged Pigeon). Ein
schöner, starker Vogel. Aschgrau, die Federn rothbraun gesäumt.
Stirne und Zügel weiß; auf den Flügeln kupfergoldige Binden.
Ihr Gurren tönt weithin, melancholisch genug, wenn man sich den
tiefen Urwald, ihre eigentliche Heimath, dazu denkt. Neuholland
und Vandiemensland.

<small>Die Tauben bilden einen deutlichen Uebergang von der Ordnung der Sper-
lingsartigen Vögel zu den Hühnerartigen. Während Nahrung, Lebensweise und
Gestalt sie den Hühnern näher bringen, ist ihre Entwicklungsgeschichte mehr die der
Sperlingsartigen; denn wie die letzteren, so schlüpft auch die junge Taube sehr unent-
wickelt aus dem Ei; auch leben sie paarweise, nicht, wie die Hühner, in Polygamie.
Sie nisten auf Bäumen oder in Felslöchern. Die Jungen werden aus dem Kropf geätzt.</small>

Ringeltaube (Columba palumbus) (Colombe Ramier; Ring
Dove). Die größte europäische Taube. Bis 17 Zoll lang. Gemein
in den Nadelwaldungen Deutschlands; Winters in Nord-
Afrika.

Hohltaube (Columba oenas) (Colombe colombin; Stock Dove).
In den deutschen Wäldern häufig; nistet in Baumhöhlen.

Schopftaube (Ocyphaps lophotes) (Tourterelle huppée;
Grested pigeon). Aschgrau mit buntschillernden Flügeln und einem
schlanken Schopf auf dem Kopfe. Neuholland.

Gemeine Wachtel (Coturnix dactylisonans) (Caille ordinaire;
Common Quail). Europa, nordwärts bis Schweden. Der
einzige Zugvogel unter den Hühnerartigen Vögeln Deutschlands.
Von unserem Getreide fett, fliegen sie im Herbste nach Italien
und was — nach einer italienischen Redensart — Rom überstan-
den hat, fällt in die Garne des Bischofs von Capri. Verhältnißmäßig immer nur wenige kommen zurück. In Rom hat man
schon an Einem Tage 17,000 Wachteln verzollt.

Singdroſſel (Turdus musicus) (Grive musicienne; Song Thrush). Der bekannte herrliche Sänger der deutſchen Waldungen, der auch hier in Gefangenſchaft fleißig ſein Lied ertönen läßt. Hat bei uns Eier gelegt.

Wachholderdroſſel (Turdus pilaris) (Litorne; Fieldfare), bekannter unter dem Namen „Krammetsvogel". Größer als der Vorige, grau und bräunlich, Hals und Rumpfſeiten roſtroth mit ſchwarzen Flecken. Niſtet im Norden Europas und erſcheint im Oktober als Zugvogel in Deutſchland, wo er dann in großen Mengen gefangen wird, um als Leckerbiſſen verſpeiſt zu werden.

Rothdroſſel (Turdus iliacus). Kleiner als die Vorige, mit lebhaft gerötheten Bruſtſeiten. Lebt ebenfalls im nördlichen Europa und zieht im Herbſte nach dem Süden.

Gemeiner Staar (Sturnus vulgaris) (Etourneau; Starling). Wer kennt ihn nicht, dieſen hübſchen, geſchwätzigen, klugen, menſchen= freundlichen Vogel! Es iſt uns eine kleine Mühe, für ihn und ſeine Familie Holzkäſtchen an den höheren Bäumen der Gärten aufzuhängen, aber groß iſt ſein Dank; denn außerordentlich iſt die Verwüſtung, die dieſer eifrigſte aller Inſektenſammler unter den Raupen, Puppen, Käfern, Mücken, Schnecken u. ſ. f. ſeiner Umge= bung anrichtet. Vaterland: ganz Europa, namentlich aber Fluß= niederungen, wo Wälder und Wieſen in der Nähe ſind. Er ſcheint nicht hoch in's Gebirge zu gehen. Ein Zugvogel, aber immer einer der erſten im Frühjahr und einer der letzten im Herbſt.

Trauer=Staar (Acridotheres ginginianus) (Acridophage de l'Inde; Indian Mynah). Ein hübſcher oſtindiſcher Vogel; dunkel von Farbe, aber mit prächtig orangefarbigem Schnabel und Füßen.

Grauſchwarzer Staar (Acridotheres fuscus) (Acridophage de la Chine; Chinese Mynah). Oſtindien. Dem vorigen ſehr ähnlich, aber größer, höher und durchaus heller, mit hellgelbem Schnabel und Füßen.

Langschwänziger Glanzstaar (Lamprotornis aeneus) (Stourne à queue longue). Prächtig blaugrün mit lebhaftem Metallglanz. Iris hellgelb. Aus Westafrika.

Stahlblauer Glanzstaar (Lamprocolius chalybeus) (Merle bronzée; Green Glossy Thrush). Etwas stärker als der europäische Staar, dem er nahe verwandt ist. Die Färbung ist an Kopf, Brust und Bauch blau, auf den Flügeln grün mit prächtigem, äußerst lebhaftem Metallglanz. Die Iris weißlichgelb. Westafrika.

Blauwangiger Glanzstaar (Lamprocolius cyanotis). Etwas kleiner als der vorige, grün mit blauem Fleck an den Wangen. Iris roth. Westafrika.

Diese Vögel nähren sich von Insekten, Beeren u. dgl. und erhalten bei uns Fleisch, Ameiseneier, hartgesottenes Ei, eingeweichtes Brod und Obst.

Rother Kardinal (Cardinalis virginianus) (Cardinal rouge; Cardinal Grosbeak). Das Männchen hochroth, um Schnabel und Kehle schwarz; das Weibchen bräunlichgrau. Ein erträglicher Sänger aus Nordamerika, einer der ersten ausländischen Stubenvögel in Europa. Könnte vielleicht acclimatisirt werden.

Rothhäubiger Kardinal (Paroaria cucullata) (Cardinal à huppe rouge; Red-crested Cardinal). Grau mit rothem Kopf und Federbusch. Hat sich bei uns fortgepflanzt. S. „Der Zoologische Garten" Jahrg. VI. Seite 12 ff. Seine Heimat ist Südamerika.

Grüner Kardinal (Gubernatrix cristatella) (Commandeur cristatelle; Black-crested Cardinal). Südamerika. Grün mit schwarzem Federbusch. Haben sich öfter fortgepflanzt.

Dominikaner (Paroaria dominicana) (Paroare; Red-headed Cardinal). Dem rothhaubigen Kardinal sehr ähnlich, aber ohne Haube und daher oft für das Weibchen von jenem gehalten. Brasilien.

Der **Rieseneisvogel** (Dacelo gigas) (Martin-chasseur; Laughing Kingfisher). Von Neuholland, wo sie nicht, wie unser deutscher Eisvogel, an Bächen und von Fischen, sondern auf Wiesen und an Waldsäumen von Mäusen und dgl. leben. Wir füttern sie daher mit Rindfleisch und lebenden Mäusen, welch' letztere sie sofort bei dem Genick packen, todt schlagen und dann ganz verschlingen. In seinem Vaterlande, Australien, heißt dieser Vogel bei den Colonisten wegen seines besonders zu gewissen Zeiten des Morgens und Abends erschallenden, durchdringenden gelächterartigen Rufes „Settlers Clock" oder auch wohl „Laughing Jackass".

Flötenvogel (Barita leuconota) (Choncari; White-backed Piping-Crow). Schöne Vögel, in Färbung, Größe und Manieren der Elster, dem inneren Bau nach mehr unseren deutschen Würgern oder Neuntödtern (Lanius) verwandt; mit lieblicher Flötenstimme begabt, die sie häufig genug und namentlich, wenn man sie durch Pfeifen lockt, weithin ertönen lassen. Ihr Vaterland ist Australien.

Nordamerikanischer Heher (Garrulus cristatus) (Geai bleu; Blue Jay). Unseren bekannten, zur Familie der Raben (Corvus) gehörigen Eichelhehern nahe verwandt, und, wie diese, böse Nesträuber.

Gesprenkeltes Sumpfhuhn (Crex porzana) (Maronette porzane). Dem bekannten Wachtelkönig (Crex pratensis) am nächsten verwandt, kommt aber freilich durch seine längere Zehen und Lebensweise an Sümpfen schon den Teichhühnern (Gallinula) nahe. Ein niedliches deutsches Vögelchen.

Rohrhuhn, grünfüßiges Wasserhuhn (Gallinula chloropus) (Poule d'eau ordinaire; Common Waterhen). Oben olivenbraun; Stirne roth; Füße grün. Ganz Europa. In Deutschland auf dem Zuge nicht selten.

Heiliger Ibis (Ibis religiosa) (Ibis sacré; Sacred Ibis). Weiß mit schwarzem Kopf und langem abwärts gekrümmten Schnabel. Seine Heimat ist Egypten.

Der Vogel lebt theils von Körnern, theils aber auch von animalischer Nahrung, als Würmern, Insekten ꝛc., welche er geschickt aus ihren Verstecken zu holen versteht. Er erweist sich dadurch als Vertilger von mancherlei Ungeziefer nützlich und dies mag veranlaßt haben, daß er von den alten Egyptern heilig gehalten wurde. Mumien des Ibis sind häufig in Gräbern gefunden worden.

Die **Lachmöve** (Larus ridibundus) (Goëland rieur; Black headed Gull). Mit blaugrauem Mantel und rothen Beinen und

Schnabel. Der Kopf ist im Winter weiß, im Sommer schwarzbraun. Europäische Küsten, kommt im Winter bis in den Harz.

Graue Möve (Larus canus) (Goëland cendré). Etwas größer als jene, weiß mit blaugrauem Mantel. Von den Küsten der Nordsee.

8. Steinbockpark.

Steinbock (Capra ibex) (Bouquetin des Alpes). Von diesem seltenen, ja fast ausgestorbenen Alpenthiere besitzen wir einen jungen Bock und einige Ziegen, die nicht ganz ächt sind, sondern aus einer Kreuzung des Steinbocks mit der Hausziege stammen.

(Mehr hierüber siehe in unserer Zeitschrift „Der Zool. Garten" Jahrgang II. Seite 130.)

9. Gemsenfels.

Gemse (Antilope rupicapra) (Chamois). Dieses berühmte europäische Thier findet sich in einem prächtigen Pärchen vertreten. Dieses flüchtige, in den Hochgebirgen lebende Wild ist nur mit größter Mühe und Gefahr lebend einzufangen, man bekommt daher die Gemsen in der Regel nur in ganz jungen Exemplaren und sie müssen dann von einer Ziege großgesäugt werden. Die unsere stammt aus Vorarlberg.

Wir erlauben uns hier den fremden Besucher auf die schöne Gebirgsaussicht aufmerksam zu machen. Man hat vor sich den ganzen Zug des Taunusgebirgs (Uebergangsformation), von Südwest nach Nordost, mit den hervorspringendsten Bergspitzen des Rossert, Stauffen, Kleinen und Großen Feldbergs (auf dessen Höhe das neue Feldberghaus), Altkönigs; sodann die Ortschaften: Falkenstein (Ruine); Cronberg; Oberursel u. s. f.

Wenn wir uns rückwärts die Steintreppe wieder herunter wenden und dann rechts den Weg quer durch, so finden wir hier die asiatischen und afrikanischen Wüsten= und Thal=Antilopen durch mehrere Arten vertreten, welche gleichzeitig sehr verschiedene Typen oder Untergattungen (Portax, Gazella, Cephalophus, Dama, Bubalus, Oryx Boselaphus etc.) repräsentiren.

10. u. 11. Antilopenparke.

Von Antilopen kennt man jetzt bereits nahe an hundert lebende Arten, fast alle Afrika und Asien angehörig, während nur Eine in Amerika, zwei in Europa, in Australien aber keine (überhaupt kein Wiederkäuer) vorkommt. Man findet in dieser Familie die verschiedensten Körperformen und Größen; während die Elenn=Antilope (A. oreas) am Kap 10 Fuß Länge und ein Gewicht von 10 Centnern erreicht, kennt die Wissenschaft seit neuerer Zeit eine Art (A. spinigera) von Guinea, die nur 20 Zoll lang und 11 Zoll hoch wird. —

Wie die Rinder, Ziegen und Schafe, so werfen auch die Antilopen ihre Hörner nicht ab, wie die Hirsche; ihre Hörner bestehen vielmehr wie bei jenen ersteren aus hornigen Scheiden, welche kegelförmige Knochenzapfen, unmittelbare Fortsetzungen des Stirnbeins überziehen. Charakteristisch aber für diese Familie — im Gegensatz zu jenen anderen scheibhörnigen Wiederkäuern — sind die unter den Augen sich befindenten Thränenhöhlen. Die Familie der Antilopen selbst hat man besonders nach der Form der Hörner und des Schädels weiter eingetheilt.

Der Nylghau (auch Pferdeantilope) (Antilope [Portax] picta) (Antilope Nilgau; Nylghaie). Eine der größten, lebhaftesten und schönsten Arten. Picta, d. h. die gemalte, wurde sie von Pallas genannt wegen der hübschen weißen Binden an den Fesseln .

Weibchen ist matter gefärbt und hornlos;*) das Männchen aber zeichnet außer den einen halben Fuß langen, kegelförmigen, ziemlich geraden Hörnern und der schönen dunkelblaugrauen Farbe, eine schwarze Mähne am Unterhals aus. Warum man dieses Thier auch Pferdeantilope heißt? Sie hat allerdings im Bau ihres Kopfs mit dem tiefgeschlitzten Maul etwas vom Pferd, aber doch, wie uns dünkt, noch mehr vom Edelhirsch. — Der Nylghau, d. h. Blaubock, ist kein Wüstenbewohner, wie die meisten afrikanischen Arten, auch kein Graat= (Gebirgs=) Thier wie die Gemse, sondern er weidet auf den üppigen Wiesen des nördlichen Indiens, in den reichbewässerten Ebenen und Thälern am Fuße des Himalaya. Ohne Zweifel ist dies die berühmte Antilope der schönen Sakuntala. — Indische Fürsten sind mit Viergespannen derselben gefahren. Diese hübschen Thiere pflanzen sich regelmäßig bei uns fort. Das männliche Exemplar kommt direct aus Indien und ist ein Geschenk des Herrn Julius Amschel in Constantinopel.

Die Isis=Antilope (Gemeine Gazelle) (Antilope [Gazella] dorcas) (Gazelle). Stämmige Thierchen mit dicken Hörnern und gemsenähnlichem Kopf, mit einer Schulterhöhe von zwei Fuß. Die gemeinste Antilope in den sandigen Flächen des nördlichen Afrika; von Dr. Rüppell in Aegypten, Nubien, Kordofan, Sennaar, Abyssinien und sogar in Arabien, immer in kleinen Rudeln angetroffen. Dies ist die Gazelle von Arabien und Persien, deren schöne Augen und graziöse Körperformen der galanten Poesie des Orients so manches Bild geliefert haben, und die auch in dem alten Testamente häufig erwähnt wird.

Die Elenn=Antilope (Antilope Oreas) (Antilope Canna Eland). Die größte und werthvollste Antilope der zoologischen Gärten, deren Acclimatisation in England wegen ihres ausgezeichneten Fleisches ernstlich betrieben wird. — Wir besitzen ein am 31. März 1863

---

*) Unser älteres Weibchen hat zufällig kleine nach vorn gebogene Hörnchen und zwar sogenannte Haithörner, welche keinen Knochenzapfen besitzen, sondern nur ein Gebilde der Haut sind. Sie fallen von Zeit zu Zeit ab und sprossen dann wieder von Neuem.

hier gebornes Weibchen und ein direkt importirtes junges Männchen. Die Heimat der Elenn-Antilope ist Südafrika.

Elenn-Antilope.

Die **Säbel-Antilope** (Antilope [Oryx] leucoryx, Lichtenstein; Antilope ensicornis, A. Wagner) (Antilope Leucoryx; Leucoryx). Ein historisch berühmtes Thier aus den Nubischen Steppen, auf den altägyptischen Denkmälern häufig abgebildet, später in dem allvertilgenden Cirkus der alten Römer unter dem Namen Oryx wohlbekannt und wegen ihres Todesmuths bewundert.

Dieses Thier gab vielleicht Veranlassung zu der Fabel vom Einhorn, indem, von der Seite gesehen, ein Horn das andere deckt und so — namentlich in der Ferne — beide Hörner als eines erscheinen konnten.

Wenn wir den Nylghau mit dem Hirsch, die Kuhantilope mit dem Rind, so können wir dieses Antilopengeschlecht mit den Ziegen vergleichen. Die Hörner des Thieres sind etwa 3 Fuß lang und reichen fast über den ganzen Rücken.

Die **Mhorr-Antilope** (Antilope Mhorr) (Antilope Mhorr; Mhorr Antilope). Schlank und gazellenartig, aber höher auf den Beinen. Oberseite rothbraun, Gesicht weißlich mit verwaschener brauner Zeichnung, ein schmaler Kehlfleck, Unterseite des Rumpfes und der größere Theil der Gliedmaßen, sowie das Hintertheil weiß. Auf der äußeren Fläche des Oberschenkels ist ein quadratischer brauner Fleck, der in einen schmalen Streifen an der äußeren Seite des Unterschenkels und Schienbeins übergeht. Ein ähnlicher Streifen findet sich an der vorderen Seite der Vorderschienbeine. Westafrika.

Diese Antilope bildet mit noch zwei verwandten Arten (A. dama und A. addra) eine eigne Gruppe: Damgazellen (Damae).

Die **Kuh-Antilope** (Antilope [Bubalus] bubalis) (Antilope Bubale). Röthlichgelb mit kurzen glatten Haaren, deren jedes mit einer hellen Spitze versehen ist.

Das Thier erinnert in seinen Formen an ein gewöhnliches Rind und trägt daher auch seinen Namen. Das Männchen hat dickere Hörner.

Wir besitzen ein stattliches Paar dieser Thiere, von denen das Männchen bei uns, das Weibchen im zoologischen Garten zu Dresden geboren ist.

Der Kopf dieses Thiers, mit dem langen geradlinigen Profil und den eigenthümlich aufgesetzten Hörnern, sodann die starke Entwicklung der Vorderpartieen auf Kosten der hinteren — an die Giraffe erinnernd — macht einen eigenthümlich unschönen Eindruck. Es ist dies eine Westafrika angehörige Wüstenantilope, und auf den aufwirbelnden Wüstensand scheinen ihre ganz verschließbaren Nasenlöcher, sowie das kurzgeschlitzte Maul berechnet zu sein; auch ist der nackte Theil der Nase bei ihr sehr schmal, halbmondförmig.

Die **rothbraune Antilope** (Antilope redunca) (Nagor). Von der Größe eines Rehbockes, rothbraun mit vorwärts gebogenen Hörnern. Seine Heimat ist Westafrika.

Die **Ducker-Antilope** (Cephalophus mergens) (Antilope Ducker-boc; Ducker-bock-Antilope) Niedliche, nicht ganz zwei Fuß

Laub-Antilope.

hohe Thierchen von ungemein schlankem und graziösem Körperbau. Behaarung bräunlichgrau, auf dem Scheitel ein aufrechtstehender Haarschopf. Das Männchen trägt kurze, spitzige Hörnchen, das Weibchen ist hornlos. Sie haben sich bei uns fortgepflanzt. Südafrika.

Außer diesen Antilopen sind in dem Parke (10) auch noch einige andere Thiere untergebracht.

Mähnenschaf (Ovis tragelaphus) (Moufflon à manchettes, Aoudad). Das schönste Wildschaf, ein Mufflon in seiner höchsten Entwicklung. Von den Gebirgen Nordafrika's. Mit langen Mähnen am Hals und Haarbüscheln an den Beinen.

Wir stehen nun vor dem großen steinernen Bärenzwinger, sehen aber zunächst noch rechts oben den

12. Waschbärenkäfig.

Waschbär (Procyon lotor) (Raton laveur). Der bekannte schlaue „Racoon" der Amerikaner. Ein Bär im Kleinen; Vertreter der Nasenbären in Nordamerika. Wascht fleißig seine Hände, auch mitunter seine Beute. Er wird leicht zahm, bleibt aber immer unabhängig, wie die Katzen.

13. Bärenzwinger.

Oben auf diesem Gebäude hat man eine schöne Uebersicht über den Garten und rückwärts das Panorama des Taunus. Vgl. oben unter 9.

Eisbär (Ursus maritimus) (Ours blanc; Polar Bear). Das furchtbare Raubthier des Nordens. Bis acht Fuß lang! Nicht zu verwechseln mit einer im Norden vorkommenden, weißlich gelben Spielart des braunen Bären (U. arctos). Seine Nahrung in

der Freiheit besteht nur aus Fleisch, namentlich Seehunden, Fischen und todten Walthieren. Er ist ein vortrefflicher Schwimmer, aber auch Läufer, der auf dem Eis den Menschen leicht einholt. Er lebt im höchsten Norden der Alten und Neuen Welt und erträgt leicht die strengste Kälte, aber auch, wie es scheint, unsere Sommerhitze ziemlich gut. Er gewöhnt sich in der Gefangenschaft leicht an die den Bären im Allgemeinen wohl zusagende, vegetabilische Nahrung, d. h. nur Brot und Rüben, womit er seit einer Reihe von Jahren fast ausschließlich erhalten wird. In der Gefangenschaft schwingt er sich gerne, auf Einem Platze stehend, hin und her. Ausführliches über ihn siehe „Der Zool. Garten", I. S. 44—46.

Brauner Bär (Ursus arctos). Die seit Gründung des Gartens dem Publikum wohlbekannte „Katharine" war bereits zum zweiten Male Wittwe; doch hat sie seit Sommer 1863 einen neuen Gemahl erhalten. Derselbe ist ein Geschenk von S. H. dem Erzherzoge Stephan von Oesterreich auf Schloß Schaumburg. Außer diesen sehen wir in der östlich am Bärenzwinger angebauten Grotte einen halbgewachsenen Russischen Bären, ein Geschenk des Grafen von Bismarck. Man könnte den Bären den Affen des Nordens nennen, so sehr erinnert er durch die mit Händen vergleichbaren Füße, durch seine Fähigkeit, sich auf die Hinterpranken aufzurichten und die

Vorderextremitäten als Arme zu gebrauchen, an die Vierhänder und da=
durch an den Menschen. Er klettert trotz seiner scheinbaren Schwer=
fälligkeit mit großer Gewandtheit, und Katharine zeigt diese Kunst
gerne, wenn man ihr oben ein Brötchen in Aussicht stellt. Die
Bären sind eigentlich unzähmbar; sie sind, wenn erwachsen, nie zu=
traulich gegen ihren Wärter. — Findet sich nur noch in Ost=
und Nordeuropa, in der Schweiz und in den Pyrenäen.
In Deutschland ist er bereits seit einem Jahrhundert ausgerottet.
Weiteres: „Der Zoolog. Garten" I. S. 37—44.

Man hat — und zwar, wie uns scheint, ganz mit Recht —
mehrere deutlich getrennte Arten des braunen Bären unterschieden,
von denen zwei, nämlich der Aasbär (Ursus cadaverinus) und
der Ameisenbär (Ursus formicarius) in unseren Exemplaren
vertreten sind. Bei dem Aasbären, wozu das erwachsene männliche
Exemplar gehört, ist der Kopf kürzer und breiter, Stirn und Augen=
bogen mehr vortretend und die braune Farbe des Pelzes vorherrschend.
Bei dem Ameisenbären, dessen Repräsentant Dame Katharine, ist
der Kopf schlanker, die Stirn mehr abgeflacht und die Färbung
geht mehr in's Gelbliche.

In den an den Bärenzwinger angebauten Grotten finden wir den
Fuchs (Canis vulpes) (Renard; Common Fox). Junge in
hiesiger Gegend gefangene Exemplare, deren Färbung mehrfach variirt.

Dachs (Meles taxus) (Blaireau; Common Badger). Der Dachs
gehört zu den nützlichen Thieren, da er Mäuse und anderes Unge=
ziefer verzehrt. In Gefangenschaft läßt er sich mit Milch, Brod,
Rüben, Fleisch, Mäusen, Vögeln rc. leicht ernähren. Unser Exemplar
hat in mehreren Wintern seines Hierseins keinen Winterschlaf ge=
halten. Es ist ein Geschenk des Hrn. Dr. Erlanger dahier.

14. Wildkatzenkäfig.

Wildkatze (Felis catus) (Chat sauvage; Wild Cat). Bei uns
aufgezogen, aber doch scheu und bösartig. Unzähmbare Thiere; überall
in den dichten Wäldern Deutschlands, aber nirgends häufig;
richten dem Jäger an Hasen und Repphühnern viel Schaden an.

NB. Die Hauskatze stammt wahrscheinlich nicht von der europäischen Wildkatze her, die, wie oben bemerkt, unzähmbar zu sein scheint, sondern von **Felis maniculata**, einer viel schlankeren Art, die **Dr. Rüppell** in Oberägypten entdeckt hat. (Unsere Zeitschrift, I. S. 73 bis 79.)

Angorakatze. Eine prächtige Varietät der Hauskatze mit langem, seidenartigem Haar.

15. Hügel am Lindenbaum.

Ein hübscher Punkt mit schöner Aussicht nach dem Taunus. Unter dem Schatten der schönen Linde, oder vielmehr in Löchern unter der Erde leben die erst Abends sichtbaren

Potoru's oder **Känguruhratten** (Hypsiprymus murinus) (Kangourou-rat). Nächtliche Thiere aus Australien, Känguruhs im Kleinen. Nahrung: Rüben und Brot. Haben sich bei uns trefflich acclimatisirt; sind auch im Winter hier im Freien und haben sich häufig fortgepflanzt.

Aguti (Dasyprocta aguti) (Agouti; Golden Agouti). Nagethiere, den Meerschweinchen verwandt, aus Südamerika. Ziemlich korpulent, aber mit zarten Gliedern und eigenthümlichem Gang. Erinnern im Totalhabitus auffallend an die ostindischen Moschushirschchen (Wiederkäuer). Die anscheinend zarten Thiere werden seit mehreren Jahren — natürlich unter Beobachtung entsprechender Vorsichtsmaßregeln — im Freien überwintert und ertragen selbst sehr bedeutende Kälte recht gut. Sie pflanzen sich regelmäßig und fast jedesmal durch Zwillingsgeburten fort. S. „Der Zoologische Garten" Jahrg. VI. Seite 301.

Kaninchen (Lepus cuniculus) (Lapin; Common Rabbit). Verschiedene hübsche Racen.

16. Fischotterkäfig.

Fischotter (Lutra vulgaris) (Loutre; Common Otter). Ueberall in Europa. Der böse Feind der Forellenbäche. Zur Familie der Marder (Mustelina) gehörig, aber auch schon sehr an die Robben oder Seehunde (Phoca) erinnernd, so daß man sie die Robbe des süßen Wassers nennen könnte. Lebt nur von Fischen; badet sich leidenschaftlich gerne im Winter, wenn Eisschollen in ihrem Becken schwimmen. Ihre Stimme ist ein schriller Pfiff, wie von einem Vogel. — Berühmt und werthvoll ist der Pelz der Fisch=otter, und die Mönche schätzten einst ihr Fleisch hoch; es galt nämlich als Fischfleisch und durfte so auch in der Fastenzeit gegessen werden. — (Unsere Zeitschrift, Jahrg. I. S. 90—93).

17. Kameelzelt.

Die Kameele mit den Lamas, jene ausschließlich der Alten, diese der Neuen Welt angehörig, bilden eine höchst eigenthümliche Familie unter den Wiederkäuern, die man Schwielensohler (Tylopoda) nennt und die sich, namentlich durch ihren Zahn=bau, wesentlich von den anderen Wiederkäuern unterscheiden. Sie haben nämlich oben 2, unten 6 Schneidezähne (alle anderen Wiederkäuer oben keine, unten 8), ferner Eckzähne oben und unten, die fast allen andern Wiederkäuern, wenigstens unten fehlen. Ihr Hals ist lang; ihre Oberlippe gespalten. — Von Kameelen gibt es nur die zwei Arten, die wir besitzen. Ihr Nutzen als Schiffe der Wüste ist bekannt. Nur das sei erwähnt, daß sie durchaus keinen besonderen, sogenannten Wassermagen haben; vielmehr ist es besonders ihr außerordentlich entwickelter Speichelapparat, der es ihnen möglich macht, das Wasser bis eine Woche lang zu entbehren.

Das **Kameel** (Camelus bactrianus) (Chameau à deux bosses; Bactrian Camel). Mit zwei Fetthöckern. Dies ist das Kameel von Ost= und Mittelasien, das sorgfältig gezogene Haus= und Lastthier der Kalmücken, Kirgisen, Tartaren, Thibetaner und Buräten. Wird bis 10 Fuß lang und 6 Fuß hoch.

18. Mövenbassin.

Möven, schöne aber sehr gefräßige Schwimmvögel mit scharfem Hackenschnabel; meist nur am Meere oder an großen Seeen. 18 Europäische Arten.

Die **Mantelmöve** (Larus marinus) (Goëland marin; Greater black-backed Gull). Mantel schwarz, bei Jungen bläulich. An den Schwingen weiße Spitzen; die Beine blaßweißlich; an den Meerufern Europa's.

Silbermöve (Larus argentatus) (Herring Gull). Der vorigen ganz ähnlich, nur mit blaugrauen Flügeln.

19a. Glasvolière.

Sultanshuhn (Porphyrio smaragnotis) (Poule Sultane; Egyptian Porphyrio). Blau mit grünem Rücken und hochrothem Schnabel und Füßen. Afrika.

19b. Kleine Volière.

Die beiden Abtheilungen dieser Volière enthalten einige Arten kleine Vögel, welche zum Zweck der Anstellung von Brütversuchen hier von den anderen gesondert gehalten worden.

Schwarzkehliger Grasfink (Poëphila cincta) (Tisserin à gorge noire; Banded Grass-Finch). Neu aus Australien importirt. Schnabel und Kehle schwarz, sonst braun und grau. Sehr hübsch gezeichnet.

Braunbrüstiger Schilffink (Donacola castaneothorax) (Tisserin du roseau; Chestnut-braested Finch). Aus Neu-Süd-Wales. Erst seit wenigen Jahren im Thierhandel.

Diamantvogel (Amadina Lathami) (Diamant; Banded Grass-Finch). Australien. Erst durch den wegen seiner Prachtwerke über Säugethiere und Vögel berühmten Engländer Gould näher bekannt geworden. Ein prächtiger Fink, der seinen Namen wohl verdient. Ueber die schneeweiße Brust läuft ein schwarzes Band; die Seiten sind schwarz mit weißen Tropfen; der Bürzel roth.

Safranfink (Fringilla brasiliensis) (Serin du Brésil). Goldgelb mit röthlicher Scheitelplatte, sonst dem Canarienvogel sehr ähnlich. Haben bei uns genistet.

19c. Große Hühner- und Taubenvolière.

Diese lange Reihe von Käfigen enthält gegen ein Dutzend feinerer Racen Hühner und noch mehr von Tauben. In jedem Käfig sind unten Hühner, oben Tauben.

Haushuhn (Gallus domesticus). Der wichtigste Vogel für den Menschen. Soll nach dem berühmten holländischen Ornithologen Temminck von dem **Bankiva** (Gallus bankiva) in **Java** abstammen. Von unseren zahlreichen Racen, deren größte erst seit dem letzten Jahrzehnt von **Ostasien** nach Europa gekommen sind, nennen wir:

   Dorkinghuhn.
   Schwarze Bantam.
   Graue Poland mit weißer Holle.
   Schwarze Poland mit weißer Holle.
   Weiße Hamburger.
   Gelbe Hamburger.
   Silberbrabanter und Goldbrabanter.
   Spanier.

   Eier dieser verschiedenen Racen sind jedes Frühjahr (von 12 bis 15 kr. per Stück) käuflich abzugeben. Die Versendung geschieht durch Post und Eisenbahn.

Haustaube (Columba domestica). Wahrscheinlich von der Steintaube (Columba livea, Brisson) abstammend, die überall auf den Felsen an den Gestaden des **Mittelmeeres** nistet. Ueber 100 verschiedene Racen! Wir besitzen unter Anderem:

   Eistaube.
   Trommeltaube.
   Gimpeltaube.
   Schwarze englische Kropftauben.
   Weiße englische Kropftaube.
   Blaue englische Kropftaube.
   Rothe englische Kropftaube.
   Römische Taube.
   Pagadettaube.
   Mövchen.
   Elstertümmler.

Ringeltaube.

Wir wenden uns nun durch die

20. Kakadu-Allee

wieder zurück, parallel den großen Hühnervolièren, die uns nun zur Linken sind, dem Straußenhaus zu. — Eine Reihe von Papageien hängen hier im Sommer im Freien (im Winter im Straußenhaus), worunter namentlich:

Großer rothhäubiger Kakadu (Cacatua moluccensis) (Kakatoe à huppe rouge; Rose-crested Cockatoo). Rosenfarbweiß; mit schön ziegelrothem Federschopf. Sumatra und Molukken. Ein prächtiger lebhafter Vogel, der sehr zahm wird und leicht sprechen lernt.

<small>Kakabus nennt man im Allgemeinen die Papageien mit willkürlich aufrichtbarer Federhaube auf dem Kopf, befiederten Wangen und kurzem Schnabel. Ihre Läufe sind</small>

kürzer als die Zehen. Sie sind sämmtlich in Indien und Australien zu Hause. Je nach der Art, welcher sie angehören, ist ihr Charakter und der Grad ihrer Zahmheit, sowie ihr Talent zum Sprechen sehr verschieden.

Weißhäubiger Kakadu (Cacatua cristata) (Kakatoe des Moluques; Greater white-crested Cockatoo). Weiß, mit weißer Haube. Scheu und wenig zuthunlich. Molukken.

Gehelmter Kakadu (Cacatua galerita) (Grand Kakatoe à huppe jaune; Greater sulphur-crested Cockatoo). Mit spitzer, gefalteter, nach vornen gekräuselter, schwefelgelber Haube; sonst weiß, die ebenfalls gelbe Schwanzbasis ausgenommen. Sehr zahm. Neu-Süd-Wales.

Schwefelgelbhäubiger Kakadu (Cacatua sulphurea) (Petit Kakatoe à huppe jaune; Lesser sulphur-crested Cockatoo). Kleiner als der vorhergehende, sonst ihm sehr ähnlich; aber bei ihm ist auch die Unterseite der Flügel, so wie das Schwanzende schwefelgelb. Fast immer wild. Molukken.

Citronen-Kakadu (Cacatua citrino-cristata) (Citron-crested Cockatoo). Eine seltene Art, dem vorigen ähnlich, aber mit dunkel citrongelber Haube.

Rosenrother Kakadu (Cacatua eos) (Kakatoe rosalbin; Rosy Cockatoo). Neuholland. Rosa mit grauen Flügeln, meist sehr zahm und zutraulich.

Leadbeater's Kakadu (Cacatua Leadbeateri) (Kakatoe de Leadbeater; Leadbeater's Cockatoo). Weiß mit röthlichem Kopfe und zierlicher, schmaler Haube, welche weiß, gelb und ziegelroth gefärbt ist. Einer der werthvollsten Kakadu's, aber immer scheu. Neuholland. Geschenk von Frau Bernh. Andreae-Winckler hier.

Kleiner Nasen-Kakadu (Licmetis tenuirostris) (Slender-billed Cockatoo). Weiß, am Kopfe und der Brust röthlich; mit breitem blauem Augenring. Ein sehr intelligenter, ziemlich seltener Vogel von Neuholland. Ein werthvolles Geschenk von Frau P. B. Andreae-Winckler dahier.

Großer Nasen-Kakadu (Licmetis pastinator) (Western Slender-billed Cockatoo). Dem vorigen ähnlich, zahm und spricht gern. Geschenk des Herrn F. Strauß dahier.

Amazonenpapagei (Psittacus [Chrysotis] amazonicus) (Perroquet Amazone; Common Amazon). Grün; Stirne vornen blau, nach hinten gelb, ebenso im Alter auch die Kehle; auf dem Flügel ein kleiner rother Fleck. Vom Amazonenstrom. Ein ziemlich großer Vogel, der vortrefflich sprechen lernt.

Gelbköpfiger Amazonenpapagei (Psittacus [Chrysotis] aestiva) (Amazone à tête jaune). Dem vorigen ähnlich, ohne die blaue Stirn. Brasilien.

Bepuderter Amazonenpapagei (Psittacus [Chrysotis] pulverulentus) (Perroquet Meunier). Der ganze Kopf grün und das Grün grau angeflogen, als wäre Staub darauf gestreut, daher der Name pulverulentus (Bepuderter). Südamerika.

> NB. Ehe wir rechts das Straußenhaus mit seinen Parken besuchen, sehen wir uns an den links quer durch zu den Hühnervolièren führenden Wegen noch den Springbrunnen und den Murmelthier=käfig an.

21. Springbrunnen.

Ein geräumiges Bassin mit einer hübschen Gruppe in Zink=guß „Knabe mit dem Schwan" von Th. Kallibe in Berlin, dient, wenn gerade ein Seehund vorhanden ist, diesem zum Aufenthalte.

22. Murmelthierkäfig.

Murmelthier (Arctomys marmota) (Marmotte; Alpine Marmot). Auf den Alpen nahe der Schneegrenze zu Hause, wo sie familienweise in Höhlen leben, in denen sie 6 Monate des Jahres verschlafen. Die Nahrung dieses Nagers besteht in Alpen=kräutern; in der Gefangenschaft erhält er Brot, Gelberüben u. s. f. Mit Eintritt des Winters verfallen diese Thiere auch bei uns regel=mäßig in ihren Winterschlaf, aus dem sie erst im März oder April wieder erwachen. Geschenk des Grafen Wilhelm von Württem=berg.

23. Straußenhaus.

NB. Im Sommer sind die Strauße außen in ihren Parken und dann ist das Haus selbst in der Regel geschlossen.

Man findet hier eine ziemlich vollständige Sammlung der Straußenartigen Vögel der Erde, nämlich die Strauße von Afrika, Amerika und Australien.

Afrikanischer Strauß (Struthio camelus) (Autruche d'Afrique; Ostrich). Der größte aller lebenden Vögel. Bis 8 Fuß hoch. Lebt heerdenweise in den Sandwüsten Afrika's (namentlich südlich vom Aequator), aber zur Fortpflanzungszeit nicht polygamisch wie die Hühner, sondern höchst wahrscheinlich in Paaren; denn bei denen, die in der Gefangenschaft gebrütet haben, hat das Männchen sich sehr eifrig bei dem Bebrüten sowohl, als bei der Erziehung der Jungen betheiligt. Die Fortpflanzung in Europa ist erstmals gelungen in dem Park des Fürsten Demidoff in St. Donato bei Florenz, worüber ausführlich in unserer Zeitschrift („Der Zool. Garten" I. Jahrg. Nr. 5. u. 6.) berichtet worden, und nachher in Marseille in einem zu diesem Zwecke dem dortigen zoologischen Garten zur Verfügung gestellten Parke (S. „Der Zool. Garten" II. Jahrg. S. 202). Die Nahrung der Straußen ist nur vegetabilisch, in der Gefangenschaft Kartoffeln, gelbe Rüben, Brod, Kohl u. s. f. Seine Hauptwaffe sind seine starken, zweizehigen Beine, mit denen er leicht einen Mann niederschlägt. Er ist ein Geschenk des Hrn. G. Andres in Alexandrien, welches der Garten durch die freundliche Verwendung des Hrn. Jos. Friedmann dahier erhielt.

Emu oder **Neuholländischer Strauß** (Dromaius Novae Hollandiae) (Emu; Emeu). Ueber 6 Fuß hoch. Dreizehig. Neuholland. Hat sich in verschiedenen zoologischen Gärten fortgepflanzt und hat bei uns jeden Winter in kurzen Zwischenräumen eine Anzahl schöne grüne, schwarzgekörnte Eier gelegt. Eigenthümlich ist der Ton, den diese Thiere häufig hören lassen und der lebhaft an Trommelschlag erinnert.

Nandu oder **Amerikanischer Strauß** (Rhea americana) (Nandou du Brésil; Common Rhea). Bis 6 Fuß hoch. Das Männchen ist an dem dickeren Halse kenntlich. In den Flächen Brasiliens in kleinen Heerden. Haben bei uns Eier gelegt.

Kasuar.

24. Rennthierpark.

Rennthier (Cervus tarandus) (Renne; Rein-deer). Das Geweihe mit einer handförmigen Schaufel am Ende. Auch das Weibchen hat Geweihe, aber schwächere. Heerdenweise wild im hohen Norden Europa's, Asiens und Amerika's, wenn anders das amerikanische, das bis Canada herunterkommt, derselben Art angehört. Das einzige Hausthier unter den Hirschen, das Zug-, Milch- und Schlacht-Vieh der Polarvölker der östlichen Halbkugel. Hat sich bei uns fortgepflanzt, und Gleiches findet

im zoologischen Garten in Amsterdam regelmäßig statt. Seine Nahrung besteht vorzugsweise in Flechten, insbesondere der bekannten Rennthierflechte (Cladonia rangiferina), die glücklicher Weise auch auf unseren Gebirgen wächst. Außerdem lassen sich die Thiere, wie die Erfahrung gelehrt hat, auch an anderes Futter gewöhnen, wie Hafer, Brod, Heu, Rüben, und zwar scheint ihnen dies nicht, wie man früher glaubte, nachtheilig zu sein, sondern sie werden im Gegentheil dabei kräftiger und gewinnen ein besseres Aussehen.

25. Muflonheerde.

Sardinischer Muflon (Aegoceros [Ovis] musimon, Pallas; schon von Plinius so genannt) (Moufflon). Auf den Gebirgen Sardiniens und Corsica's. Seine Farbe ist im Winter schwarzbraun mit einem weißlichen Fleck auf dem Rücken, im Sommer rothbraun. Ende Mai und Anfang Juni pflegt sich unser Trüppchen (5 Stücke, worunter ein stattlicher hier [1860] geborener Bock) sehr auffallend zu hären. Sie sehen lange wie gescheckt aus, indem der unter den Haaren befindliche Flaum nicht zugleich und allmälig über den ganzen Körper, sondern stellenweise ausfällt. Dieser Muflon ist vielleicht die wilde Stammart unseres gemeinen Schafs. Sie pflanzen sich regelmäßig bei uns fort. Das männliche Thier pflegt die Gitter seines Parks durch Hornstöße zu zertrümmern und ist daher von einer besonders kräftigen Einfriedigung umgeben.

26. Lamapark.

Lama (Auchenia lama) (Lama). Wild gewöhnlich braun; als Hausthier von allen Farben. Von der Größe eines Hirsches. Wird in seiner Heimath als Lastthier benutzt und trägt bis 100 Pfund. In Peru und Chili dasselbe, was in Lappland das Rennthier. Auch seine Wolle wird gebraucht.

Gehört mit den Kameelen (siehe oben) zur Unterordnung der Schwielensohler unter den Wiederkäuern. Aber der Bau seiner Füße ist doch nicht ganz gleich dem der Kameele; denn während bei diesen die beiden Zehen durch eine breite, fast kreisförmige, schwielige Sohle verwachsen sind, daher die Hufe klein erscheinen, sind bei den Lamas die Zehen tief getrennt.

27. Frettchenbau.

Frettchen (Mustela furo) (Furet; Ferret). Halb Hausthier, in Südfrankreich zur Kaninchenjagd benützt. Meist sind es Kakerlaken mit rothen Augen. Ist nach unserer Ansicht nur eine durch Zähmung entstandene Varietät des **gemeinen Iltis**.

27a. Neues Antilopenhaus.

Zur Ueberwinterung der in dem Parke (11) untergebrachten Thiere bestimmt und zuweilen im Winter dem Publikum offen. Es wurde 1862 erbaut und hat sich in jeder Beziehung zweckmäßig bewährt.

---

28. Der Weiher.

Obgleich erst vor einigen Jahren mitten im Gartenland ausgegraben, hat dieser Teich doch auch in den trockensten Sommern immer hinreichend Wasser gehabt. Um ihn und auf ihm versammelt sich ein Heer der verschiedensten Schwimmvögel. Auch einige Wasserhühner schreiten dem Ufer entlang.

Bezüglich des Brütens dieser Schwimmvögel haben wir die Erfahrung gemacht, daß zwar immer eine Menge Eier gelegt, auch wohl da und dort von Gänsen und Enten gebrütet wird, auf einen wirklichen Erfolg aber nur zu rechnen ist, wenn man einzelnen Paaren ein Plätzchen am Weiher abtrennt, so daß sie vor Störungen geschützt sind.

Die Fütterung aller dieser vielen Schwimmvögel geschieht Nachmittags zwischen 4 und 5 Uhr; und es ist dies eines der interessantesten Schauspiele, das man im Garten haben kann.

Riesen-Pelekan (Pelecanus onocrotalus) (Pelican blanc; White-Pelican). Der ehrwürdige Altmeister des Teichs! Ein stattliches Exemplar, von der feinsten rothweißen Farbe, die er der starken Portion Fische verdankt, welche er täglich erhält, denn bei anderem Fleische würde er abbleichen. Bis 5 Fuß lang ohne den

Schnabel. Sie ätzen ihre Jungen aus dem großen Kehlsack am Unterkiefer durch Aufwürgen, also ähnlich wie die Tauben, und dies mag zu der Sage Veranlassung gegeben haben, daß der Pelekan sich die Brust aufreiße, um die Jungen mit seinem Blute zu nähren. Schwimmt schön, schwanenähnlich, ist aber auf dem Lande schlecht zu Fuße. Nach der Mahlzeit zittert er. — Lebt in Afrika, woher auch unser Exemplar stammt, und in Südosteuropa und ist besonders häufig an der untern Donau.

Die Pelekane und die Kormorane sind die vollkommensten Schwimmer, insofern bei ihnen alle vier Zehen durch Schwimmhäute verbunden sind, bei den andern Schwimmvögeln (Enten, Gänsen u. s. f.) nur drei.

Der **graue Pelekan** (Pelecanus crispus) (Pelican à tête frisée; Crested Pelican). Grau, mit gelockten Kopf- und Nackenfedern. Südosteuropa.

Die **Scharbe** oder **Kormoran** (Carbo cormoranus) (Cormoran; Common Cormorant). Schwarz, Rückenfedern graubraun, grün gesäumt. Brütet im hohen Norden Europa's, kommt Winters an die deutschen Küsten. Muntere Vögel, vortreffliche Schwimmer und Taucher, freilich unseren jungen Entchen mitunter gefährlich, tragen sie doch zu viel zur Belebung des Teiches bei, als daß man sie missen möchte. Sie baden sich viel und trocknen und sonnen sich dann am Ufer mit senkrecht ausgebreiteten zitternden Flügeln. Eine chinesische Art wird von den klugen Fischern des Reichs der Mitte zum Fischen abgerichtet, und damit sie ihre Beute nicht selbst schlucken, legt man ihnen einen Ring um den Hals. Hat sich hier fortgepflanzt. S. der Zool. Garten. Jahrg. 1870. S. 12.

NB. Pelekane, Kormorane und Möven sind die wichtigsten Guanovögel der Peruanischen Inseln.

Der **Höckerschwan** (Cygnus olor) (Cygne blanc; Common Swan), im Gegensatz zu dem folgenden, auch **Stummer Schwan** genannt. Der kalte Norden der Alten Welt ist seine Heimat. Allgemein in Europa, Asien und Amerika auf Teichen zur Zierde gehalten und sich fortpflanzend. Geschenk des Herrn Moritz von Bethmann dahier.

Singschwan, wilder Schwan (Cygnus musicus) (Cygne sauvage; Wild Swan). So groß wie der vorige, aber von weniger eleganter

Haltung, mit schwarzem Schnabel ohne Höcker, der an seiner Basis eine breite hellgelbe Wachshaut trägt. Sein Gefieder ist rein weiß, in der Jugend grau. Seine Heimat ist der hohe Norden von Europa und Amerika, und auf seinen Zügen kommt er nicht selten bis nach Deutschland herab. Die Bezeichnung „Singschwan" kommt von der Sage, daß dieser, ehe er sterbe, zu singen anfange, doch gehört dies natürlich ins Gebiet der Fabel. Seine Stimme ist ein trompetenartiger Ton. Die Haut dieses Schwanes mit dem Flaum liefert den sogenannten Schwanenpelz. Geschenk der Herren A. und J. Wolff dahier.

Zahme Gans (Anser cinereus, domesticus).

Türkische Gänse (Oie du Danube). Schneeweiß; Größe und Bau wie bei der gemeinen; eine durch eigenthümlich gerollte, feinbartige Federn auf dem Rücken und an den Flügeln ausgezeichnete Race. Aus der Türkei.

Saatgans (Anser segetum) (Bean goose). Grau und braun, mit weißem Bauch. Der Schnabel, wie auch die Füße, orangegelb, aber ersterer mit schwarzer Wurzel und schwarzem Haken. Schwanz kürzer als die Flügel. Nord= und Mittel=Europa. Ziehen im September in Zügen von der bekannten Bahnschlittenform, einen Gänserich an der Spitze, dem Süden zu, um schon im Februar oder März wiederzukehren.

Kurzschnäbelige Gans, kleine Saatgans (Anser brachyrhynchus) (Pinck-footed Goose). Kleiner als die vorhergehende, der sie im Uebrigen sehr ähnlich ist. Heimat Nord= und Mittel=Europa.

Graugans (Anser cinereus) (Oie sauvage). Von dieser im Norden von Europa heimischen Art stammt unsere zahme Gans. Bei der Graugans überragt der Schwanz die Flügel und ihr ganzer Schnabel ist orangegelb. Sie erinnert hierdurch sehr an die gewöhnliche Hausgans. Vaterland und Zug wie bei der Saatgans.

Bläßgans (Anser albifrons) (Oie rieuse; White-fronted Goose). Der vorigen ähnlich, aber mit weißem Ring an der Stirne und rein schwarzen Schwingen. Sie hat nur 16 Federn im Schwanz die Grau= und Saatgans 18. — Im hohen Norden. Auf dem Zuge in Holland häufig.

Rosenrothfüßige Bläßgans (Anser albifrons, Var. rosipes). Eine Spielart der vorigen, mit Füßen von der genannten Farbe. Die eigentliche Bläßgans hat nämlich orangegelbe Füße.

Ringelgans (Anser bernicla) (Cravant; Brent-Goose). Klein, Kopf, Hals, Schwingen und Schwanz schwarz, mit weißen Flecken am Hals. Im hohen Norden; ziemlich häufig auf dem Zuge in Holland.

Bei den Barnakelgänsen sind die Kammleisten des Oberkiefers bei geschlossenem Schnabel nicht sichtbar, wie dies bei den vorhergehenden Gänsen der Fall ist. Auch ist ihr Schnabel kürzer, ihre Formen überhaupt graziöser, der Gang leichter, mehr trippelnd. Die Ornithologen haben daher eine eigene Gattung (Bernicla) aus ihnen gebildet.

Weißköpfige Barnakelgans (Anser [Bernicla] leucopsis) (Bernache nonnette; Bernicle Goose). Mit weißem Kopf, schwarzer Brust und schön grau und schwarz gewelltem Rücken. Nord-Europa. In Deutschland nicht selten.

Kanadische Schwanengans (Anser [Cygnopsis] Canadensis) (Oie de Canada; Canada Goose). Ein stattlicher Vogel, der wirklich ein Schwanengesicht (Cygnopsis) hat, aber sonst doch nur eine Gans ist. Oben graubraun, unten weißlich; Kopf, Schnabel, Oberhals und Schwanz schwarz. Kehle und Backen weiß. Stammt aus Nordamerika. In England vollständig acclimatisirt. Unser Paar brütet alljährlich und erzieht seine Jungen mit großer Sorgfalt.

Fuchsgans, Aegyptische Gans (Anser [Chenalopex] aegyptiacus) (Oie de l'Egypte; Egyptian Goose). Hat einen Sporn am Flügel, auch außerdem ein auffallendes, hübsches Kleid. Um die Augen und auf den Flügeln rothbraun; Brust fein grau und schwarz gewellt; Flügel vorneher weiß, nach hinten, wie der Schwanz, schwarz. Sie spielen gerne die Tyrannen des Teichs. Vaterland: Ganz Afrika von Aegypten bis zum Kap. In Afrika brütet sie im December; dies wäre bei uns natürlich die unglücklichste Zeit; nun hat sie sich aber so weit schon an unser mitteleuropäisches Klima accommodirt, daß sie regelmäßig im April brütet.

Sporngans (Anser [Plectropterus] gambensis) (Oie de Gambie; Spur-winged Goose). Eine hübsche, oben grün metallfarbige, unten weiße Gans, mit hornigem Sporn am Flügelbug. Erinnert in Kopf und Farbenvertheilung auffallend an die Moschus=Ente. **Westafrika.**

Stockente (Anas boschas), ist die gemeinste Wildente in Deutschland. Der Enterich an seinem prächtig smaragdgrünen Kopf, dem weißen Halsband und den aufgerollten Schwanzdeckfederchen leicht kenntlich; das Weibchen eintönig grau und braun. Eigentlich im Norden zu Hause, brütet sie doch auch häufig bei uns, fällt aber besonders auf dem Zug oft in Menge ein.

Zahme Ente (Anas boschas, domestica). Stammt sicher von der vorigen her.

> **Smaragdente.** Groß. Einfarbig dunkelgrün.
>
> **Krummschnablige Ente** (Var. adunca). Mit eigenthümlich von der Stirne an in einer Kurve nach unten gebogenem Schnabel.

Krickente (Anas crecca) (Petite sarcelle; Common Teal). Die kleinste Ente in Deutschland. Ueberall in Europa und selbst in Nordafrika zu treffen. Die **Knäckente** (Anas querquedula) ist ihr sehr ähnlich, hat aber statt 16 nur 14 Schwanzfedern.

Spießente (Anas acuta) (Grand Pilet; Pintail). Die zwei mittleren Schwanzfedern sehr lang. Obenher aschgrau, fein gewellt; unten weiß; Kopf dunkelbraun; Spiegel grün; Beine grau. Im hohen Norden. Zieht im Winter nach Süden.

Löffelente (Anas clypeata) (Souchet; Shoveler). Mit langem, nach vorne verbreitertem löffelähnlich gewölbtem Schnabel. Im Norden.

Reiherente (Anas cristata) (Canard morillon; Tufted Duck). Klein, untersetzt, mit langer hängender spitzer Haube. Selten in zool. Garten. Nordeuropa. Auch Japan.

Schnatterente (Anas strepera) (Ridenne; Common Gadwall). Kopf und Hals grau mit braunen Punkten; Unterhals, Brust und Rücken mit schwarzen Querstrichen; auf den Flügeln rostbraun; Spiegel weiß; Beine orangegelb. Im hohen Norden. Selten bei uns geschossen.

Pfeifente (Anas Penelope) (Canard siffleur; Wigeon). Stirne gelblichweiß; Kopf zinnoberroth, Brust weinroth. Der Schnabel bläulich und klein. Der Schwanz zugespitzt. Pfeift besonders zur Brütezeit. Nordeuropa, auch am Kaspischen Meere. Winters bei uns nicht selten.

Brandente, Fuchsente (Anas [Vulpanser] tadorna) (Tadorne; Common Sheldrake). Auffallend bunt gefärbt. Sie ist schneeweiß mit rothem Schnabel, schwarzem Kopf, Hals, Schultern und Schwingen und rostrother Brust. Der Schwanz ist abgerundet. Brütet in Erdlöchern (alten Fuchsbauen!) an den Meeresküsten Nordeuropa's.

Bisamente (Canard musqué; Musc Duck). Irrthümlich auch Türkische Ente genannt. (Anas [Cairina] moschata.) Stammt aus Brasilien und Mittelamerika. Gesicht nackt mit schwarzen und rothen Warzen. Das Männchen hat einen Höcker am Schnabelgrunde. Wird bis dritthalb Fuß lang. Allgemein in Europa acclimatisirt.

Tafelente (Fuligula [Anas] ferina) (Milouin; Red headed Pochard). Kopf und Hals braun. Brust des Männchens schwarz, des Weibchens braun. Nordeuropa. Auf dem Zug bei uns nicht selten.

Die Moorenten (Fuligula) haben, wie auch die berühmten Eiderenten (Somateria), ein breites, schlaff herabhängendes Hautläppchen an der Hinterzehe; es sind vortreffliche Taucher und Schwimmer, die sich — statt an Gewürme u. dgl. wie die übrigen Enten — mehr an Krebse und Fische halten.

Bahamaente (Anas bahamensis) (Sarcelle de Bahama; Bahama Duck). Ein hübsches Entchen mit rother Schnabelwurzel. Erst seit einigen Jahren aus Mittelamerika in die zoologischen Gärten gekommen; hat sich bereits an verschiedenen Orten fortgepflanzt und auch bei uns Eier gelegt.

So weit die Schwimmvögel. Nun noch ein Stelzvogel.

Bläßhuhn (Fulica atra) (Foulque macroule; Common Coot). Schwarzgrau mit weißer Stirne; unter dem Namen „Wasserhuhn" bekannt. Wirklich erinnert es in seinen Bewegungen und besonders in seinem Gang an die Hühner, ist aber seinem ganzen innern Bau nach ein Stelzvogel und schwimmt brittens vortrefflich wie ein Schwimmvogel, hat auch zu diesem Behuf breite Hautlappen an den Zehen. Ein äußerst lebhafter und zutraulicher Vogel, der fast Alles frißt, was im Wasser lebt, nur das nicht, was der Mensch für sich behalten will, nämlich die Fische. In Deutschland auf schilfreichen Teichen überall anzutreffen.

29 u. 30. Stelzvogelwiesen.

(Zwischen dem Gartensalon und Weiher und vor dem maurischen Hause.)

Die im Sommer hier befindlichen Vögel werden im Winter theils im Straußenhause, theils im maurischen Hause untergebracht.

Flamingo (Phoenicopterus antiquorum) (Flammant; Flamingo). Prächtige weiß und rosenroth gefärbte, hochbeinige, schlanke Schwimmvögel — denn zu dieser Ordnung verweist sie nicht nur der Schwimmfuß, sondern auch der mit Kammleisten versehene Schnabel, der noch am ehesten an den der Enten erinnert. Der Flamingo fischt mit ihm den Schlamm in der Art aus, daß er den Kopf so herunterbiegt, daß der Oberkiefer unten zu liegen kommt, und nun der Unterkiefer gegen den Oberschnabel plätschert. Auch dies mahnt an die Enten. Freilich ist auch seine Verwandtschaft mit den Stelzvögeln nicht zu verkennen.

Diese Vögel leben am Meeresufer von Schnecken und Muscheln, Insekten, Würmern u. s. f.; immer in großen Gesellschaften, selbst in der Fortpflanzungszeit. Sie bauen in Seemorästen ein Nest, d. h. einen Erdhaufen, auf dem sie reitend brüten. Die Weibchen sind kleiner als die Männchen. — Eigentlich im wärmeren Afrika und Asien zu Hause, ist er doch in Sicilien und im südlichen Italien, in Sardinien, auch in Südfrankreich gar nicht selten. Nur von Zeit zu Zeit erscheint er in Deutschland, am Bodensee und Rhein.

Sie stehen fast den ganzen Tag über in dem Bassin und besonders scheinen sie es zu lieben, wenn das Wasser in recht heftiger Bewegung ist. Am westlichen Ende der ihnen zugewiesenen Abtheilung befindet sich ein Wasserfall, welcher in der Regel Nach=

mittags fließt und in der Stunde 600 Cubikfuß Wasser liefert. Er wird mit filtrirtem Wasser aus dem Weiher gespeist, welches wieder dorthin zurückgeführt wird. Das Wasser stürzt von einem 10 Fuß hohen, malerisch von Schlingrosen umrankten Felsen herab.

Weißer Storch (Ciconia alba) (Cicogne blanche; White Stork). Der allbekannte rothfüßige Schlangen- aber auch Fischfänger; außer den Schwalben und dem Hausrothschwanz das einzige unserem deutschen Volke (von der Heidenzeit her?) heilige Thier. Europa; Afrika; Asien. Hat hier genistet.

Schwarzer Storch (Ciconia nigra) (Cicogne noire; Black Stork). Selten in Deutschland. Bewohnt die Wälder; sonst in Nahrung und Lebensweise seinem weißen Bruder gleich.

Marabu (Ciconia Marabu) (Marabou; Marabou Stork). Mit eigenthümlichem Greisenkopf, an dem beinahe Alles Schnabel ist. Liefert die berühmten Federn. Straßenreiniger von Calcutta. Seine Nahrung besteht bei uns aus Fleisch, Fischen und Mäusen. Auch Vögel frißt er sehr gern und versteht es trefflich, Sperlinge, welche sich ihm nähern, im Fluge zu fangen.

Gemeiner Kranich (Grus cinerea) (Grue commune; Common Crane). Der größte Vogel Deutschlands; denn er wird bis 4 Fuß lang. Leicht zu erkennen an dem hübschen Federbusch, den die kürzeren Schwingen auf dem Unterrücken bilden. Sie brüten im nördlichen Europa und Asien, selten bei uns, ziehen aber regelmäßig im April und Oktober durch Deutschland.

<small>Die Kraniche (Grus) haben einen verhältnißmäßig kurzen Schnabel (nicht länger als der Kopf); auch kurze Zehen; sind daher weniger für weiche, schlammige Gründe gebaut, als vielmehr für Wiesenniederungen, auf denen sie besonders den Amphibien, aber auch Würmern und Schnecken nachgehen.</small>

Jungfernkranich (Grus virgo) (Demoiselle de Numidie; Demoiselle Crane). Verdient seinen Namen in der That durch die Feinheit und Eleganz seiner Formen, durch sein bescheidenes, aber geschmackvolles Kleid und nicht am wenigsten durch seinen zierlichen Kopfputz. Südeuropa und Nordafrika. Geschenk des Herrn Consul G. Kellner in Odessa. Zwei Weibchen haben mehrmals Eier gelegt und fleißig — leider erfolglos — bebrütet.

Pfauen- oder Kronkranich (Grus pavonia) (Grue couronnée; Crowned Crane). Sehr auffallend gefärbt und geziert. Er trägt auf seinem hochgetragenen, sammtschwarzen, mit rosenrothbemalten Wangen geschmückten Haupte eine Krone von steifen gelben Federn. Trotz der dünnen Beine ein ausgezeichneter und leidenschaftlicher Tänzer. Im Winter im Straußenhaus untergebracht. Sicilien, Nord- und Westafrika.

Grauer Reiher (Ardea cinerea) (Héron commun; Common Heron). Ein schöner, aber sehr gemeiner und daher wenig beachteter Vogel; ein berüchtigter Fischräuber. Nistet in großen Gesellschaften, 50 und mehr Paare zusammen in hochbäumigen Wäldern. Er ist von Natur sehr scheu, und doch haben sie bei uns einige Schritte von dem Wege gebrütet. Europa; Asien; Afrika.

Purpurreiher (Ardea purpurea) (Héron pourpré; Purple Heron). Dem vorigen ähnlich, doch mehr rothbraun.

Löffelreiher (Platalea leucorodia) (Spatule; Spoonbill). Weiß mit flachem, vorn verbreitertem Schnabel. Wird jährlich in größerer Menge in Holland gefangen.

31. Maurisches Haus.

Ein hübscher, solider Neubau, von unserem leider so früh verstorbenen, trefflichen Baumeister Renck ausgeführt und zur Aufnahme von größeren Thieren, Giraffen u. dgl. bestimmt. Die Mitte des großen Zuschauerraumes wird von einem Springbrunnen in Marmor, einem Geschenke des soeben genannten vielverdienten Mannes geziert.

Oben in diesem Hause befindet sich ein Arbeitszimmer sammt Bibliothek, sowie das Sitzungszimmer des Verwaltungsraths.

Burchell's Zebra (Equus Burchelli) (Zèbre de Burchell; Burchell's Zebra). Dieses eigenthümlich gefärbte Thier, dem Esel näher als dem Pferd, aber doch feiner als jener gebaut, konnte bis jetzt nur in einzelnen Exemplaren für den Gebrauch abgerichtet werden. In der Regel ist das Zebra, wie auch unser älteres Weibchen, bissig und bösartig. Es stammt bekanntlich aus den Ebenen des südlichen Afrika's, wo es häufig in Heerden, mit Straußen zusammen, angetroffen und wegen seines Fleisches und seiner Haut gejagt wird. Mit dem Esel erzeugt es leicht Bastarde. Das ältere

Exemplar befindet sich seit 12 Jahren im Garten, und im Frühjahr 1864 wurde noch ein jüngeres Paar dazu erworben, so daß wir nun 3 Stück besitzen. Pflanzt sich regelmäßig fort.

Dromedar (Camelus dromedarius) (Dromadaire; Common Camel). Zwei Exemplare dieses nützlichen afrikanischen Hausthieres. Das Männchen ganz weiß, das Weibchen gelblich. Wir erhielten sie im Sommer 1863 aus Aegypten als ein Geschenk des Herrn Henry Schwabacher in Alexandrien.

Elephant (Elephas indicus) (Eléphant de l'Inde; Indian Elephant). Das größte und schwerste der jetzt noch lebenden Landthiere. Unser Exemplar ist noch jung und bei Weitem noch nicht ausgewachsen, hat aber gleichwohl bereits eine Höhe von 9 Fuß. Es ist ein Weibchen und hat deshalb nur sehr kleine Stoßzähne, die bei den Männchen eine Länge von mehreren Fußen erreichen können und das „Elfenbein" liefern. Letzteres kommt indessen vorzugsweise von dem afrikanischen Elephanten, dessen Zähne weit gewaltiger sind als die des indischen. In seiner Heimat wird der Elephant als halbes Hausthier gehalten, das heißt, er wird gezähmt und zum Arbeiten und Reiten abgerichtet; doch ist es noch nie gelungen, ihn in Europa zur Fortpflanzung zu bringen. Einzelne Fälle von Fortpflanzungen in Gefangenschaft scheinen in Indien vorgekommen zu sein, gehören aber gewiß zu den Seltenheiten, und vor allem ist dazu erforderlich, daß den Thieren geräumige Parks zum Aufenthalt dienen, in welchen sie dem Menschen aus dem Wege gehen und sich gehörig Bewegung machen können. Noch nirgends ist es indeß gelungen, Elephanten regelmäßig zu züchten, sondern der Bedarf muß immer wieder neu eingefangen werden. Zum Arbeiten soll man die Männchen vorziehen, weil dieselben ihre Stoßzähne als Hebel, z. B. beim Wegschaffen ganzer Baumstämme benutzen können. Für zoologische Gärten sind die Weibchen gesuchter; sie bleiben immer zahm und gelehrig, Männchen dagegen werden mit Eintritt der Brunst leicht so bösartig, daß Nichts übrig bleibt, als sie zu tödten. Unser Elephant ist auf verschiedene kleine Kunststücke abgerichtet, welche die bedeutende geistige Begabung des Thieres erkennen lassen. Sein Rüssel (eigentlich die Nase) dient als Arm und trägt vorn eine fingerförmige Verlängerung, welche das Thier nach Art einer Hand benützt. Mittels des Rüssels schiebt der Elephant das Futter, welches aus Kleie, Brod, Heu u. dgl. besteht, in das Maul und beim Trinken zieht er das Wasser in den Rüssel und entleert diesen dann in die Maulhöhle. In der Freiheit lebt der Elephant Familien- oder Heerdenweise, nährt sich von Baumblättern, Gras, Kräutern u. s. w. und richtet nicht selten in Pflanzungen großen Schaden an, da er mindestens eben so viel zertritt, als verzehrt.

Soweit sich ermitteln läßt, beträgt das Alter unseres Exemplares etwa 19 Jahre, und es ist dasselbe somit noch als jung zu bezeichnen, da diese Thiere bis zu 200 Jahren alt werden sollen.

Näheres über den Elephanten sehe man in der Zeitschrift „Der Zoologische Garten" Jahrg. V. Seite 320, 360.

Unmittelbar hinter dem Maurischen Haus liegt die Wohnung des Directors und das Oekonomiegebäude. Wenden wir uns nun zurück, links zwischen dem Gartensaal und der Restauration (die, beiläufig gesagt, Alles bietet, was unsere doch nicht allein von Wissenschaft lebende Seele erfreuen kann), so werfen wir, der Front des ersteren entlang gehend, zunächst einen Blick auf die:

31a. Nager-Gallerie.

Siebenschläfer (Myoxus glis) (Loir). Die bekannte, im Walde mitunter schädliche graue Haselmaus, kleiner als ein Eichhorn, aber viel weniger intelligent. Sperrt man zwei zusammen, so frißt — aber oft erst nach Monaten, die stärkere die schwächere auf. Deutschland.

Gartenschläfer (Myoxus nitela) (Lérot). Hübscher gefärbt als die vorhergehende, und mit eigenthümlich zweizeiligem — an die Jerboa's (Dipus) erinnerndem Schwanze. Deutschland.

Hamster (Cricetus frumentarius) (Hamster). Hier allgemein bekannt und für gemein geachtet, würde dieses auffallend gefärbte Nagethier in Süddeutschland immer als eine kleine Merkwürdigkeit gelten, denn es kommt dort nicht vor. Die Färbung seines Pelzes ist deshalb besonders interessant, weil sie eine Ausnahme macht von der allgemeinen Regel, daß die Thiere an der oberen, dem Licht mehr zugekehrten Seite stets dunkler gefärbt sind, als an der unteren. Der Verbreitungsbezirk dieses außerordentlich muthigen Getreidediebes geht nach Westen gar nicht, nach Osten aber weit über Deutschland hinaus. Gemein ist er bei Gotha und Hildesheim, sowie auf dem Marchfelde im Oesterreichischen. In Rußland gibt es eine ganz schwarze Varietät.

Kakerlaken des Hamsters scheinen auch in Deutschland nicht eben selten zu sein. Auch wir besaßen einen solchen.

Hausratte (Mus rattus) (Rat). Diese schwarzen Nager sind durch die vor etwa hundert Jahren von Asien her in Europa eingedrungene Wanderratte (Mus decumanus), welche seitdem ihre Stelle vertritt, fast ganz vertrieben oder wenigstens so verdrängt worden, daß sie nur noch an einzelnen Orten zu treffen sind. Die unsrigen kommen aus Thüringen und sind ein Geschenk des Herrn W. Claes in Mühlhausen in Th.

Weiße Ratte (Mus decumanus, var. alba) (Rat blanc; White Rat). Eine weiße Varietät der Wanderratte mit rothen Augen.

_{Häufig fehlen die Nagethiere und dann ist der Behälter mit Vögeln besetzt.}

---

32. Yakwiese.

Yak, Grunzochse (Bos grunniens) (Yak). Ein schönes Rind, mit langem seidenartigem, etwas krausem Vließ, das mehr an ein Schaf als an ein Rind denken läßt. Sein Körperbau ist rund, gedrungen, sein Gang lebhaft, stolz, und erinnert wie sein Schweif an das Pferd. Seine Stimme ist ein Grunzen und gleicht der des Schweins. Dieses schöne Thier findet sich in Heerden auf den Hochgebirgen Südasiens, besonders an den Quellen des Indus, und auf den Thibetanischen Hochebenen wild.

Sein Schweif liefert die berühmten sogenannten „Roßschweife" der Türkischen Pascha's.

Unser ältestes Exemplar, eine Kuh, weiß, an den Seiten schwärzlich, stammt von Thibet selbst. Sie ist ein werthvolles Geschenk Sr. Maj. des Königs von Bayern. Sie ist die Stammmutter unserer nun aus fünf Köpfen bestehenden Heerde

---

An dem Buffet der Restauration vorbei, dann uns rechts wendend, sehen wir die

33. Hundeställe.
(Rückwärts an die Hofmauer anlehnend.)

Hier finden sich größere und kleinere Hunderacen vertreten, über welche die angebrachten Namensschildchen den nöthigen Aufschluß geben.

34. Fasanenvolière.

Kalifornische Wachtel (Callipepla californica) (Colin de Californie; Californian Quail). Schön gezeichnete muntere Thierchen mit einem vorwärtshängenden schwarzen Federbüschchen auf dem Kopfe, welches beim Gehen beständig nickt. Pflanzen sich in Europa fort und sind in England und einigen Orten Frankreichs fast als acclimatisirt zu betrachten.

Goldfasan (Phasianus pictus) (Faisan doré; Gold Pheasant). Der schönste Fasan; stammt aus China, wo die Federn zum Putz gesucht sind. Den Römern wohlbekannt und von ihnen für den ächten Phönix gehalten.

Silberfasan (Phasianus nycthemerus) (Faisan argente; Silver Pheasant). Stammt aus Nordchina, daher weniger empfindlich gegen Kälte als der vorige.

Gemeiner Fasan (Phasianus colchicus) (Faisan commun; Common Pheasant). War schon auf den alten griechischen und römischen Geflügelhöfen gemein. Er lebt wild in den Wäldern am Kaspischen Meere und auf dem Kaukasus.

Geringelter Fasan (Phasianus colchicus; var. torquata). Eine Abart des Vorigen mit weißem Halsband und nicht zu verwechseln mit dem wirklichen Ringfasan (Phasianus torquatus), der etwas kleiner ist und eine mehr metallische Färbung hat.

Weißhaubiges Fasanenhuhn (Gallophasis albocristatus) (White-crested Kaleege). Schwärzlich mit hellem Federschmuck an Kopf und Hals. Himalaya.

Königsfasan (Phasianus veneratus) (Faisan vénéré; Barred-tailed Pheasant). Ein prächtiger Vogel mit verhältnißmäßig weit längeren Schwanzfedern, als man gewöhnlich bei anderen Fasanen antrifft. Das Gesicht ist schwarzbraun mit einem weißen Streifen an den Kopfseiten, der Körper theils mit goldgelben, theils weißlichen schwarzumrandeten Federn bedeckt und der Schwanz grau mit schwarz und brauner Zeichnung. Er stammt aus dem nördlichen China und kommt erst seit wenigen Jahren lebend nach Europa, wo er sich regelmäßig fortpflanzt.

Sandhuhn oder **Ganga** (Pterocles arenarius) (Ganga; Ganga Sand-Grouse). Hühnervögel, welche an Größe und Gestalt Tauben gleichen, von gelbgrauer Färbung mit schwarzer Brust und zierlicher Zeichnung jeder einzelnen Feder.

Sandflughuhn oder **Alchata** (Pterocles Alchata). Dem vorigen ähnlich, aber mit einer breiten lebhaft braunen Binde über die Brust.

Beide Arten leben in Afrika, Asien und dem südlichen Europa, namentlich in Spanien, und bewohnen öde sandige Steppen, wo sie durch ihre Färbung fast nicht von dem Boden zu unterscheiden sind.

Wir sind nun wieder in der Lindenallee angelangt und wenden uns rechts, dieselbe verfolgend, bis zu dem

35. Salamanderbaſſin.

Im Winter im mauriſchen Hauſe.

Hier befindet ſich ein Exemplar des **Rieſenſalamanders** (Salamandra maxima) (Gigantic Salamander) aus Japan. Bereits über zwei Fuß lang und noch bei Weitem nicht ausgewachſen. Nährt ſich von Fiſchen. Näheres über dieſes Thier ſiehe „Zool. Garten" Jahrg. IV. Seite 137. Er iſt ein Geſchenk des Herrn Dr. Bauduin in Yokohama (Japan) durch die freundliche Vermittlung des Herrn Richard Neſtle dahier.

Nebenan befindet ſich eine Dampfmaſchine, welche das für die Bewäſſerungsanlagen im Garten erforderliche Waſſer theils aus dem Weiher, theils aus dem Brunnen in die Reſervoire hebt.

Der Beſucher kehrt in der Richtung, von der er gekommen, zurück.

36. Vogelbauer.

In demſelben findet man eine kleine Sammlung **gemeiner Webervögel** (Quelea sanguinirostris), welche hier verſuchsweiſe im ungeheizten Raume überwintert wurden.

Wir verfolgen den Weg zur rechten der Gartenmauer entlang und finden

37. Ziegenſtälle.

Wydahziege (Capra depressa). Klein, gedrungen, mit flachen, zurückliegenden, ſehr regelmäßig gebauten Hörnern, deren Spitzen nach außen gerichtet ſind. Der Bart iſt ſtark entwickelt.

Zwergziege (Capra reversa) (Chèvre du Sénégal; Little african Goat). Die Hörner ſind nur 2 Zoll lang, nicht ſehr breit, abgeſtumpft, zurückliegend. Der Bart iſt ſehr lang und dick, wie überhaupt das ganze Fell; der Geruch stark. Farbe weiß, Brust und Schultern schwärzlich. Diese Race stammt aus Afrika, ist aber auch in Westindien sehr gemein.

Unsere **Kaschemir-Ziegen** (Capra lanigera) (Chèvre cachemire) stammen von der Heerde Sr. Maj. des **Königs von Württemberg**, der sie seit lange auf einzelnen Domänen, früher namentlich auf Achalm, jetzt auf Seegut, züchtet und ein Paar unserem Garten schenkte. Die jetzt noch vorhandenen Exemplare sind hier geboren. — Die berühmten Shawls u. s. f. werden nicht aus den langen, seidenartigen Haaren gefertigt, wie man gewöhnlich glaubt, sondern aus der unter jenen befindlichen gekräuselten Wolle. Die Kostspieligkeit jener Shawls liegt darin, daß die jährliche Wollenernte von einem Thier so gering ist; denn zu einer Elle (von $5/4$ Breite) Kaschemirgewebe braucht man 24 Unzen Flaum, d. h. die Wolle von 7 bis 8 Ziegen.

Die meisten Kaschemirziegen werden in dem **Thibetanischen Hochlande** gehalten; in Kaschemir aber wird die Wolle nur verarbeitet; dort findet man die Ziegen nicht.

Zackelschaf (Ovis aries, Var. strepsiceros) (Mouton de la Vallachie). Dieses von den **Ungarisch-Siebenbürgischen Hochländern** stammende Schaf ist doch wohl nur als eine Race des gemeinen zu betrachten. Der Typus der Hornspirale ist ganz derselbe, nur das Horn gleichsam gerade ausgezogen. Pflanzt sich regelmäßig bei uns fort.

37a. Behälter der syrischen Bären.

Syrischer Bär (Ursus syriacus) (Ours de Syrie; Syrian Bear). Sie sind dem braunen Bären an Gestalt sehr ähnlich, erreichen aber nicht die bedeutende Größe jener Art und haben eine hellgraugelbe Färbung. Ihre Heimat ist **Syrien** und **Palästina**, besonders der **Libanon**. Sie sind äußerst heimtückisch.

37b. Eichhornkäfig.

Gemeines Eichhorn (Sciurus vulgaris) (Ecureuil vulgaire; Common Squirrel). Ueberall in den deutschen Wäldern. Von der nordeuropäischen, im Winter blaugrauen Varietät kommt das bekannte „Grauwerk" der Kürschner; noch geschätzter sind die weißen Pelze von Kamtschatka. Gewöhnlich ist das Eichhorn oben fuchsroth, unten weiß, doch sieht man in dem Käfig häufig verschiedene Färbungen, besonders auch eine schwarzgraue Varietät. Der griechische Name Sciurus bedeutet sehr bezeichnend: „Schattenschwanz",*) sofern es im Schatten seines Schwanzes sitzen kann.

Graues Eichhorn (Sciurus cinereus) (Ecureuil gris; Grey Squirrel). Größer als das gemeine Eichhorn, Oberseite grau, Bauch weißlich. Nordamerika.

---

38. Schweinepark.

Maskenschweine (Sus pliciceps) (Cochon à Masque; Masked Pig). Häßliche Thiere, mit runzlicher Stirne, langen Schlappohren und Hängebauch. Ist keine eigentliche wilde Schweinsart, sondern ein vollständig domesticirtes Thier aus Japan. Wegen seiner großen Fruchtbarkeit und Frühreife von den Landwirthen sehr gesucht.

Deutsches Wildschwein (Sus scrofa) (Sanglier; Wild Boar). In den europäischen Wäldern, auch in Asien. Von dieser Art stammt wohl unser Hausschwein ab; denn wenn letzteres verwildert, soll es wieder alle Merkmale von jenem erhalten. Das Wildschwein ist in Deutschland selten geworden, aber in vielen Theilen der Erde, wo es früher nicht vorgekommen, findet man verwilderte Hausschweine. Ein weibliches Exemplar ist ein Geschenk Sr. D. des Fürsten von Solms-Braunfels. Brunst: November bis Januar; pflanzen sich regelmäßig bei uns fort.

---

*) Von $\sigma\kappa\iota\acute{\alpha}$ Schatten, und $o\vec{v}\rho\acute{\alpha}$ Schwanz.

39. u. 40. Damwildparke.

Damhirſch (Cervus [Platyceros] dama) (Daim ordinaire; Fallow Deer). Man findet hier neben der natürlichen Färbung des wilden Damwilds — rothbraun mit ſchwärzlichem Rückenſtreif und weißen Tupfen über und über, im Winter dunkelbraun ohne Flecken — auch ſchneeweiße und ſchwarzgraue Paare. Unſer weißer Hirſch iſt kein ächter Kakerlak, denn ſeine Iris iſt grau und auch auf der Naſe zeigen ſich ſchwärzliche Punkte. Dieſer iſt ein Geſchenk Sr. Durchlaucht des Fürſten zu Solms=Braunfels; die ſchwarzen, des Herrn Heinrich Stern in Kannſtatt; fünf andere, gefleckte, des Herrn Freiherrn von Rothſchild dahier. Alle unſere Damhirſche haben zahlreiche Nachkommenſchaft geliefert, ſo daß ſie ſchon in recht anſehnlichen Trüppchen vertreten ſind.

Der Damhirſch hat ein langes Geweih, das oben ſich plötzlich handförmig ausbreitet. Wild eigentlich nur in der Berberei, aber jetzt im ganzen gemäßigten Europa in Parken gehalten und zum Theil im freien Wald verwildert. Brunſt im Oktober; Wurf im Juni. Pflanzen ſich häufig hier fort.

---

41. Edelhirſchpark.

Edelhirſch (Cervus elaphus) (Cerf commun; Red Deer). Der Edelhirſch, das ſchönſte Wild Europa's, hat eine ſehr ausgedehnte Verbreitung, nämlich durch ganz Europa nordwärts bis Drontheim und durch das mittlere Aſien bis zur Lena.

Ueber den Geweihwechſel, die Neubildung des Geweihes u. ſ. w. ſehe man „Der Zoologiſche Garten" Jahrg. VII. Seite 41 ff. 47 ff.

Das männliche Exemplar iſt ein Geſchenk S. H. des Herzogs von Naſſau.

41ᵃ. Wapitihirschpark.

Wapitihirsch (Cervus canadensis) (Cerf de Canada; Wapiti Deer). Dieser imposante Hirsch hat eine große Aehnlichkeit mit dem hiesigen Edelhirsch, namentlich auch in Bezug auf die Form des Geweihes, er übertrifft diesen aber an Größe und Stärke sehr bedeutend. Sein Ruf, den er bei uns das ganze Jahr hindurch vernehmen läßt, erinnert an den Ton einer Flöte, verwandelt sich aber zur Brunstzeit in ein rauhes Brüllen, dem des Edelhirsches ähnlich. Die Heimat dieses Hirsches ist Nordamerika.

41ᵇ. Mähnenhirschpark.

Mähnenhirsch (Cervus hippelaphus) (Cerf hippelaph; Rusa Deer). Ein prächtiges Thier von Java; ausgezeichnet durch die schönen Formen des Körpers, den feinen Kopf mit dem breiten langen Gehör, dem breiten buschigen Schwanz u. s. f. Er hat fast die Größe des Edelhirsches und seine Mähne macht ihn majestätischer aussehend, aber sein Geweih erhält nie mehr als drei Zacken; er gehört in jeder Beziehung in die Gruppe der Schweinehirsche.

42. Schweinehirschpark.

Schweinehirsch (Cervus porcinus) (Cerf cochon; Hog Deer). Von seinem runden fetten Körper so genannt; er wird in seinem Vaterland Ostindien häufig zahm gehalten und gemästet. Sein Geweih ist hoch, aber dünn und nur dreiablig. Er steht offenbar dem Reh näher als dem Hirsch. Pflanzt sich alljährlich regelmäßig bei uns fort.

Diese durch ihr feines Fleisch ausgezeichnete Hirschart könnte ohne Zweifel mit Leichtigkeit acclimatisirt werden, worauf wir die Waidleute aufmerksam machen wollen.

42ᵃ. Aristoteleshirschpark.

Aristoteles=Hirsch (Cervus Aristotelis) (Cerf Aristote; Sambur Deer). Dem Javanischen Mähnenhirsch sehr nahe verwandt, aber mit schwächerer Mähne. Er stammt vom indischen Festland, Malabar u. s. f.

43. Axishirschpark.

Axishirsch, Gangesreh (Cervus axis) (Cerf Axis; Axis Deer). Von Damhirschgröße. Hellroth, mit 14 Reihen weißen Flecken. Das Geweih hat einen Augensproß und zwei Enden. In Ostindien und den Molukken zu Hause; aber längst in den europäischen Parken acclimatisirt. Wird sehr zahm.

44. Park der Virginischen Hirsche.

Virginischer Hirsch (Cervus Virginianus) (Cerf de Virginie; Virginian Deer). Das gewöhnlichste Hochwild Nordamerika's, das dort unser deutsches Reh und den Edelhirsch, für den Jäger und auf dem Markte, in Einem vertritt. Von Canada bis herab nach Virginien häufig. Die Geweihe dieser Art unterscheiden sich von denen aller anderen Hirsche durch ihre eigenthümliche Krümmung nach vorn und innen. Auch diese Art hat sich bereits hier fortgepflanzt.

45. Arasallee.

NB. Liegt von der Pakwiese rechts, östlich. Sie führt an dem Wolfsbau vorbei, zum Ausgang. — Hier hängen im Sommer die Ara's und andere Papageien.

Blauer Ara (Macrocercus ararauna) (Ara bleu; Blue and Yellow Maccaw). Oben blau, unten hochgelb, Stirne grün. 2½ Fuß lang. Brasilien.

Rother Ara (Macrocercus macao) (Ara rouge; Red and Blue Maccaw). Scharlachroth, Schwingen und Schwanz blau; die oberen Flügeldeckfedern grün. Südamerika.

Die Ara's (Ara) haben nackte Wangen, sind meist sehr groß, mit langem abgestuftem spitzigem Schwanz und glänzendem Gefieder. Sie sind viel weniger zutraulich als die Kakadu's. Ihren Namen haben sie von ihrem Ruf „Ara." Man kennt etwa ein Dutzend Arten. Sämmtlich Südamerikaner.

Gelbflügeliger Ara (Macrocercus aracanga) (Aracanga; Red and Yellow Maccaw). Dem Vorigen ähnlich, mit zwei Reihen hochgelber Federn auf den Flügeln. Südamerika.

Grüner Ara (Macrocercus severus). In der Jugend grün, mit blauen Schwingen. Das ausgefiederte Männchen hat nackte weiße Wangen, etwas Rothbraun an Stirn und Kehle, und etwas Roth an dem vorderen Flügelrand und der Unterseite des Schwanzes. Brasilien.

Illiger's Ara (Macrocercus Illigéri) (Maracana; Illiger's Maccaw). Dem Vorigen ähnlich, mit rother Stirn. Brasilien.

Während die drei ersteren Arten leicht zahm werden und sprechen lernen, sind die beiden letzteren bisher noch immer scheu geblieben und zeigen keine Spur von Sprachtalent.

46. Wolfsbau.

Wolf (Canis lupus) (Loup; Wolf). Der Wolf ist bekanntlich der nächste Verwandte unseres Haushunds und erzeugt mit ihm Bastarde. Doch ist er wohl nicht die Stammart desselben, denn der Wolf bellt nicht, hat auch einen anderen Geruch u. s. f. Ueber die ganze alte Welt verbreitet; jetzt in den mehr bevölkerten Ländern Europa's ausgerottet. Der amerikanische Wolf ist dem unsrigen sehr ähnlich, wahrscheinlich nur eine klimatische Abart.

Unser Weibchen ist ein Geschenk des Herrn Charles Villeroy in Wallerfangen bei Saarlouis. Das Männchen stammt aus Ungarn und ist ein Geschenk des Herrn Baron v. Horvath in Pesth. Sie haben sich bei uns fortgepflanzt.

Weiteres siehe in unserer Zeitschrift „Der Zool. Garten" I. S. 79—83.

Register.

		Seite
Aasgeier,	Brauner	9
„	Schwarzer	9
Adler,	Gaukler=	9
„	Gold=	9
„	Keilschwanz=	10
„	See=	11
„	Stein=	9
Affe,	Drill=	28
„	Hut=	29
„	Kapuziner=	29
„	Makak	29
„	Pavian	27
„	Sai	29
„	Wanderu	28
„	Winsel=	29
Affenhaus (6.)		19
Affensaal		26
Aguti		45
Amazonenpapagei		51
„	Bepuderter	51
„	Gelbköpfiger	51
Angora=Katze		45
Antilopenhaus, neues (27a.)		56
Antilopenparke (10 u. 11.)		37
Antilopen,	Ducker=	40
„	Elenn=	38

		Seite
Antilopen,	Isis=	38
„	Kuh=	40
„	Mhorr=	40
„	Nylghau=	37
„	rothbraune	40
„	Säbel=	39
Anubis=Pavian		27
Aquarium		1
Arasallee (45.)		79
Ara,	Blauer	79
„	Gelbflügeliger	79
„	Grüner	79
„	Illiger's	79
„	Rother	79
Aristoteleshirschpark (42a.)		78
Aristoteleshirsch		78
Axishirschpark (43.)		78
Axishirsch		78
Bärenzwinger (13.)		42
Bär,	Brauner	43
„	Eis=	42
„	syrischer	74
Bahamaente		63
Bandvogel		23
Barnakelgans		61

	Seite
Barnakelgans, Weißköpfige	61
Behälter der syrischen Bären (37 a.)	74
Behälter der Beuteldachse (5.)	17
Bengalist, Gestreifter	24
„ Getigerter	24
„ Kleiner	24
„ Rothschwänziger	24
Beutelbachs, großohriger	17
Beutelthiere	14
Bisamente	63
Bitterling	1
Bläßgans	60
„ Rosenrothfüßige	60
Bläßhuhn	63
Blauvogel	25
Bluthals	23
Brandente	63
Brautente	15
Burchell's Zebra	67
Bussard	11
Cobaya	15
Dachs	44
Damwildparke (39 u. 40.)	76
Damhirsch	76
Deckelschnecke, Lebendiggebärende	1
Diamantvogel	47
Dohle	6
Dominikaner	34
Dominikaner-Wittwe	23
Drill	28
Dromedar	68

	Seite
Drossel, Roth-	33
„ Sing-	33
„ Wachholder-	33
Ducker-Antilope	40
Edelhirschpark (41.)	76
Edelhirsch	76
Eichhornkäfig (36.)	75
Eichhorn, Gemeines	75
„ Graues	75
Eisbär	42
Elenn-Antilope	38
Elephant	68
Elstervogel	23
Emu	53
Ente, Bahama-	63
„ Bisam-	63
„ Brand-	63
„ Braut-	15
„ Krick-	62
„ Krummschnablige	62
„ Löffel-	62
„ Mandarinen-	15
„ Moor-	63
„ Pfeif-	63
„ Reiher-	62
„ Schnatter-	62
„ Smaragd-	62
„ Spieß-	62
„ Stock-	62
„ Tafel-	68
„ Zahme	66
Eulenburg (1.)	2
Eulen	2
Falke, Thurm-	11

	Seite
Fasanenvolière (34.)	71
Fasan, Gemeiner	72
„ Geringelter	72
„ Gold=	71
„ Königs=	72
„ Silber=	72
Fasanenhuhn	72
Fink, Rothschwänziger	24
„ Gebänderter	24
„ Gelbwangiger	24
„ Malabar=	24
Fischotterkäfig (16.)	45
Fischotter	45
Flamingo	64
Flötenvogel	35
Flußbarsch	1
Frettchenbau (27.)	56
Frettchen	56
Frosch, Land=	1
„ Wasser=	1
Fuchs	44
Fuchsgans	61
Gans, Aegyptische	61
„ Barnakel=	61
„ Bläß=	60
„ Fuchs=	61
„ Grau=	60
„ Kurzschnäbelige	60
„ Ringel=	61
„ Saat=	60
„ Schwanen=	61
„ Sporn=	61
„ Türkische	61
„ Zahme	60

	Seite
Gartenschläfer	69
Gauklerabler	9
Gazelle	38
Gemsenfels (9)	36
Gemse	36
Geyer, Aas=	9
„ Königs=	8
„ Mönchs=	7
„ Ohr=	7
„ Weißköpfiger	7
Geyerkönig	8
Glanzfink	23
Glanzstaar, Blauwangiger	34
„ Langschwänziger	34
„ Stahlblauer	34
Glasvolière (19a.)	47
Goldadler	10
Goldfasan	71
Goldfisch	1
Grasfink, Schwarzkehliger	47
Graugans	60
Große Hühner= und Tau= benvolière (19c.)	47
Grunzochse	70
Habicht	12
Hamster	69
Hartlaubszeisig	24
Haubenfink	23
Haushuhn	48
Hausratte	70
Haustaube	48
Heher, Nordamerikanischer	35
Helmkakadu	21
Hirsch, Aristoteles=	78

	Seite
Hirsch, Aris-	78
„ Dam-	76
„ Edel-	76
„ Mähnen-	77
„ Schweine-	77
„ Virginischer	77
„ Wapiti	77
Höckerschwan	59
Hohltaube	32
Hügel am Lindenbaum (15.)	45
Hühner-Racen	48
Hühnervolière (19c.)	47
Hundeställe (33.)	71
Hutasse	29
Ibis, heiliger	35
Indigovogel	25
Isisantilope	38
Jungfernkranich	65
Kakaduallee (20.)	49
Kakadu, Citronen-	50
„ Gehelmter	50
„ Großer, rothhäubiger	49
„ Helm-	21
„ Leadbeater's	50
„ Nasen-	50
„ Rosenrother	50
„ Schwefelgelbhäubiger	50
„ Weißhäubiger	50
Kameelzelt (17.)	46
Kameel	46
Kammsalamander	1
Känguruh, Bennett's	14
„ Thetis'	14
„ -Ratte	45

	Seite
Känguruhwiese (3.)	14
Kaninchen	45
Kapuzineraffe	29
„ Gelbfüßiger	30
„ Lüsterner	30
„ Starker	30
„ Wirklicher	30
Kardinal, Grüner	34
„ Rother	34
„ Rothhaubiger	34
Karpfen	1
Kaschemirziege	74
Käuzchen	5
Kaulbarsch	1
Keilschwanzabler	10
Kernbeißer, Punktirter	23
Kleine Volière (9 b.)	47
Königsfasan	72
Königsgeyer	8
Königsweihe	5
Kolkrabe	6
Kondor	7
Kormoran	59
Kranich, Gemeiner	65
„ Jungfern-	65
„ Kron- oder Pfauen-	66
Krickente	62
Kronkranich	66
Kuhantilope	40
Lachmöve	35
Lamapark (26.)	55
Lama	55
Landfrosch	1
Leopard, Ostindischer	13

	Seite
Löffelente	62
Löffelreiher	66
Löwe	12
Mähnenhirschpark (41 b.)	77
Mähnenhirsch	77
Mähnenschaf	42
Makak, gemeiner	29
„ schlappiger	29
Malabarfink	24
Mandarinenente	15
Mantelmöve	46
Marabu	65
Maskenschwein	75
Maurisches Haus (31.)	67
Meerschwein-Behälter (4.)	15
Meerschweinchen	15
Mhorr-Antilope	40
Milan, Schwarzer	5
„ Rother	5
Mövenbassin (18.)	46
Möve, Graue	36
„ Lach-	35
„ Mantel-	46
„ Silber-	46
Mönchsgeyer	7
Moorente	63
Moorgrundel	1
Muflonheerde (25.)	55
Muflon, Sardinischer	55
Murmelthierkäfig (22.)	51
Murmelthier	51
Muskatvogel, Brauner	23
Nager-Gallerie (31 a.)	69
Nandu	53

	Seite
Nasenkakadu, Kleiner	50
„ Großer	50
Nonne, Gewöhnliche	23
„ Chinesische	23
Nylghau-Antilope	37
Nymphe, Neuholländische	31
Ohreule	4
Ohrgeyer	7
Papagei, Alexander-	20
„ Gelbköpfiger	21
„ Rothschwänziger	20
„ Senegal-	21
„ Sperlings-	21
„ Wellen-	31
Papst	24
Paradieswittwe	22
Park der Virginischen Hirsche (44.)	78
Pavian, Anubis-	27
„ Gemeiner	28
„ Silbergrauer	27
Pelekan, Grauer	59
„ Riesen-	58
Pfauenkranich	66
Pfefferfresser, grünschnäb.	25
„ schwarzschnäb.	26
Pfeifente	63
Pfeilschwanz, Bart-	20
„ Halsband-	20
Plattschweifsittich, Adelaide-	31
„ Pennant's	31
„ Rothbindiger	31
„ Vielfarbiger	31
Potoru	45

	Seite
Puma	13
Purpurreiher	66
Ratte, Haus=	70
„ Weiße	70
Raubvogelgallerie (2.)	6
Raubthierzwinger (2 a.)	12
Reiher, Grauer	66
„ Purpur	66
„ Löffel	66
Reiherente	62
Reißfink	23
Rennthierpark (24 a.)	54
Rennthier	54
Rieseneisvogel	34
Riesenpelekan	58
Riesensalamander	73
Ringelgans	61
Ringeltaube	32
Rohrhuhn	35
Rothdrossel	33
Säbelantilope	39
Saatgans	60
Safranfink	47
Salamander, Gefleckter	1
„ Kamm=	1
„ Riesen=	73
„ Rothbäuchiger	1
Salamanderbassin (35)	73
Sandhuhn	72
Sandflughuhn	72
Sängerfink	23
Sai=Affe	29
Schaf, Mähnen=	42
„ Zackel=	74

	Seite
Schakal, Gemeiner	13
„ Schwarzrückiger	13
Scharbe	59
Schilffink, Braunbrüstiger	47
Schleierkauz	4
Schnatterente	62
Schopftaube	32
Schönsittich, Blaustirniger	31
„ Vielfarbiger	31
„ Rothrückiger	31
Schwan, Höcker=	59
„ Schwarzer	15
„ Sing=	59
„ Wilder	59
Schwanengans, Kanadische	61
Schweinepark (38.)	75
Schwein, Masken=	75
„ Wild=	75
Schweinehirschpark (42.)	77
Schweinehirsch	77
Seeadler, Gemeiner	11
„ Weißköpfiger	11
Siebenschläfer	69
Silberfasan	72
Silberlöwe	13
Silbermöve	46
Silberschnabel	24
Singdrossel	33
Singschwan	59
Sittich, Gelbwangiger	20
„ Gold=	19
„ Goldstirniger	19
„ Karolinischer	20
„ Sonnenwende=	20
Smaragdente	62

		Seite
Sperlingspapagei		21
„	Gemeiner	21
„	Grauköpfiger	21
„	Rothhalsiger	21
Spiegelkarpfen		1
Spießente		62
Sporngans		61
Springbrunnen (21.)		51
Staar, Gemeiner		33
„	Grauschwarzer	33
„	Trauer-	33
Stachelschweinbehälter (5 b.)		18
Stachelschwein		18
Steinadler		9
Steinbockpark (8)		36
Steinbock		36
Stichling		1
Stelzvogelwiesen (29—30.)		64
Stockente		62
Storch, Schwarzer		65
„	Weißer	65
Straußenhaus (23.)		52
Strauß, Afrikanischer		52
„	Amerikanischer	53
„	Neuholländischer	53
Sultanshuhn		47
Sumpfhuhn, Gesprenkeltes		35
Tafelente		63
Taube, Bronzeflügelige		32
„	Haus-	48
„	Hohl-	32
„	Ringel-	32
„	Schopf-	32
Tauben-Racen		48

		Seite
Teichhornschnecke		1
Thurmfalke		11
Trauerstaar		33
Uhu, Deutscher		3
„	Virginischer	4
Urubu		9
Vogelbauer (36.)		73
Vogelhaus		19
„	Langes (7.)	31
Virginischer Hirsch		78
Wachholderdrossel		33
„	Gemeine	32
„	Kalifornische	71
Waldkauz		4
Wandern		28
Wapitihirschpark (41 a.)		77
Wapitihirsch		77
Waschbärenkäfig (12.)		42
Waschbär		42
Wasserhuhn		63
Wasserfrosch, Grüner		1
Webervogel, Feuerfarbiger		22
Webervogel, Gemeiner		22, 73
„	Masken-	22
„	Rothköpfiger	22
„	Schwarzbäuch.	22
„	Schwarzköpfiger	22
Weiher (28.)		56
Weißfisch		1
Wellenpapagei		30
Wetterfisch		1
Wildkatzenkäfig (14.)		44
Wildkatze		44

	Seite		
Wildschwein	75	Zackel-Schaf	
Winselaffe	29	Zebra, Burchell's	
Wolfsbau (46.)	79	Zebrafink	
Wolf	79	**Ziegenställe** (37.)	
Wombat-Bau (5a.)	17	Ziege, Kaschemir-	
Wombat	17	„ Wybah-	
Wybahziege	73	„ Zwerg-	
		Zwergfink	
Yakwiese (32.)	70	Zwergziege	
Yak	70		

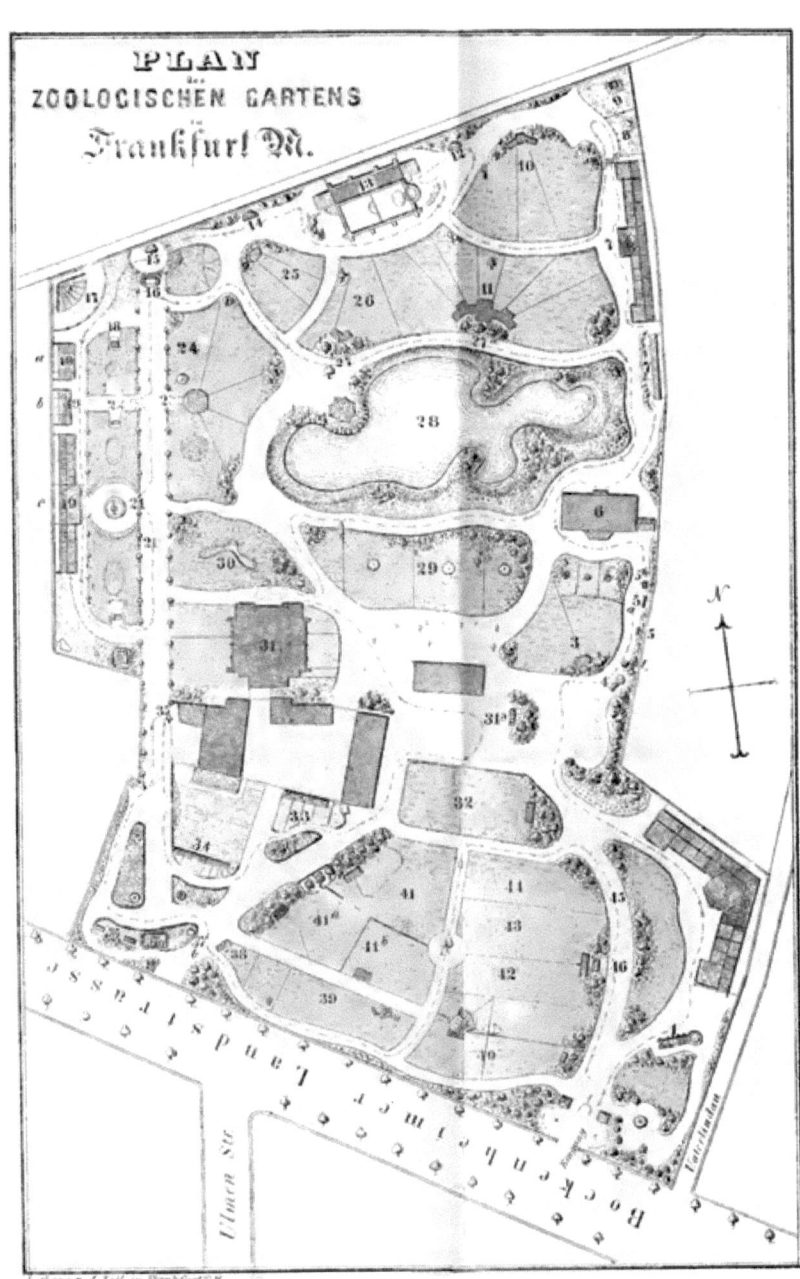